Das *alte* Griechenland

PETER ACKROYD

LONDON, NEW YORK, MELBOURNE,
MÜNCHEN, und DELHI

Projektbetreuung Hazel Beynon
Redaktion Susan Kennedy
Gestaltung Kavita Dutta, Arunesh Talapatra
Chefbildlektorat Diane Thistlethwaite
Lektorat David John
Cheflektorat Linda Esposito
Projektkoordination Caroline Buckingham, Andrew Macintyre
Gestaltungsleitung Simon Webb
Programmleitung Jonathan Metcalf
Herstellung Luca Bazzoli
DTP-Design Siu Yin Ho
Kartografie Paul Eames
Illustrationen Bob Warner
Bildrecherche Sarah Pownall
Bildarchiv Rose Horridge, Kate Ledwith, Sarah Mills
Umschlaggestaltung Neal Cobourne

Fachliche Beratung
Dr. Hugh Bowden

Für die deutsche Ausgabe:
Programmleitung Monika Schlitzer
Projektbetreuung Martina Glöde
Herstellungsleitung Dorothee Whittaker
Herstellung Julia Mayer-Schlagintweit

Bibliografische Information Der Deutschen Bibliothek
Die Deutsche Bibliothek verzeichnet diese Publikation in der Deutschen Nationalbibliografie; detaillierte bibliografische Daten sind im Internet über http://dnb.ddb.de abrufbar.

Titel der englischen Originalausgabe:
Ancient Greece

Übersetzung Cornelia Panzacchi
Redaktion Karin Fellner

ISBN 10: 3-8310-0901-5
ISBN 13: 978-3-8310-0901-5

Reproduced by Colourscan
Printed and bound in China by Hung Hing

Besuchen Sie uns im Internet
www.dk.com

Inhalt

Aus dem alten Griechenland stammen Ideen und Vorstellungen, die uns auch heute noch beeinflussen.

Vor über 2000 Jahren entwickelte sich in Griechenland eine der fortschrittlichsten Kulturen der antiken Welt. Die Griechen erfanden nicht nur die Demokratie, sondern entdeckten auch die Physik und die Geografie. Sie waren die Ersten, die Geschichte schriftlich festhielten und Theaterstücke verfassten. Außerdem machten sie sich grundlegende Gedanken über das Leben: Wie soll man Kinder erziehen? Kann man Kriege rechtfertigen? Wie funktioniert das Universum? Das Nachdenken über diese Fragen nannten die Griechen Philosophie, die »Liebe zur Weisheit«.

Wir haben viel von den Griechen geerbt, so beispielsweise auch die Sportarten der Leichtathletik. Sie wurden schon bei den ersten Olympischen Spielen vor fast 3000 Jahren ausgeübt. Die »klassische« Bauweise und der »klassische« Kunststil gehen ebenfalls auf die Griechen zurück. In allen modernen Hauptstädten sieht man Säulen und Statuen, die nach griechischem Vorbild geschaffen wurden. Außerdem stammen zahlreiche bekannte Wörter unserer Alltagssprache aus dem Griechischen, z. B. Gymnasium, Politiker, Akrobat, Geometrie, Tyrann, Alphabet, Museum, Atom. Wir halten das heute für selbstverständlich, doch ist all das ein Erbe der griechischen Antike.

Wie aber konnte diese Hochkultur vor so langer Zeit in Südosteuropa entstehen? Die Landschaft spielte dabei sicher eine wichtige Rolle. Das griechische Festland ist sehr bergig. Unwegsames, felsiges

Gelände trennt die vielen kleinen Täler. Das könnte dazu beigetragen haben, dass sich einzelne Siedlungen zu eigenständigen und unabhängigen Stadtstaaten entwickelten. Außerdem ist Griechenland geprägt von einer langen zerklüfteten Küste und einer Vielzahl von Inseln in der Ägäis. Es erstreckte sich sogar bis zur Westküste der heutigen Türkei, dem Kleinasien der Antike. Der berühmte griechische Philosoph Platon sagte einmal, die Griechen an den Küsten und auf den Inseln seien wie »Frösche rings um einen Teich«.

Obgleich Gebirge und Meer die einzelnen griechischen Stadtstaaten trennten, besaßen die Griechen doch eine gemeinsame Sprache. Sie teilten den Glauben an zahlreiche Götter und Göttinnen und erzählten sich die gleichen Mythen und Sagen. Daneben waren gewisse Einstellungen allgemein verbreitet. So glaubte man, dass es sich in der Stadt am besten leben ließe und dass der Krieg ein notwendiger und unvermeidlicher Bestandteil des Lebens sei.

Das Meer regte die Griechen zu Seefahrten und Forschungsreisen an. Da es am einfachsten war, sich auf Schiffen fortzubewegen, unternahmen sie Reisen nach Süden und Osten und lernten dort noch ältere Hochkulturen kennen. An den Ufern des Mittelmeers und des Schwarzen Meers gründeten sie griechische Städte, in denen ihre Kultur aufblühte. Sie beherrschten nicht nur die gesamte antike Welt, sondern beeinflussen auch noch unser heutiges Denken.

KAPITEL EINS

Das Zeitalter *der* Könige

Die Ursprünge des griechischen Volkes reichen weit in vorgeschichtliche Zeit zurück. Die ersten Griechen waren Steinzeitmenschen, die keine festen Siedlungen kannten, sondern als Jäger und Sammler umherzogen.

DIE FRÜHEN BEWOHNER GRIECHENLANDS verwendeten Werkzeuge aus Knochen oder Stein und lebten in Höhlen oder einfachen Laubhütten. Vor ungefähr 8000 bis 7000 Jahren wurden sie sesshaft und begannen Weizen und Gerste anzubauen. Sie zähmten Schafe und Ziegen und errichteten strohgedeckte Lehmhütten. Einzelne Höfe und Weiler wuchsen mit der Zeit zu Dörfern an. Um 3000 v. Chr. entwickelten die Griechen ein entscheidendes Verfahren zur Herstellung von Bronze: Sie schmolzen Kupfer und mischten es mit einem anderen Metall, meist mit Zinn. Bessere Waffen und Werkzeuge aus Bronze ersetzten bald die Steingeräte. Das neue Metall ließ sich auch zu nützlichem Geschirr und zu Schmuck verarbeiten.

Da die Gegenstände aus Bronze immer begehrter wurden, begannen die Menschen damit Handel zu treiben. Diejenigen, die diesen Handel kontrollierten, gewannen an Einfluss. Viele Dörfer wurden so reich, dass sie im Lauf der Jahrhunderte zu befestigten Städten anwuchsen. Hier lebten nun die mächtigen Sippen in prächtigeren Häusern als die einfachen Bauern und Handwerker. Diese wohlhabenden Familien stellten auch die Oberhäupter für die Stadtviertel und Städte.

Einen Höhepunkt erlebte die Bronzekultur um 1900 v.Chr. auf der Insel Kreta, ungefähr 120 km südlich des griechischen Festlands. Dort entdeckte der britische Archäologe Sir Arthur Evans im frühen 20. Jahrhundert Spuren einer bis dahin unbekannte Kultur. Er nannte sie »minoische Kultur« nach einem sagenhaften kretischen König namens Minos. Auch den großen Palast, den Evans bei Ausgrabungen in Knossos auf Kreta fand, taufte er nach diesem König.

Die minoische Kultur gilt als älteste Kultur Europas. Ihre Blütezeit dauerte bis ungefähr 1300 v. Chr. Die Minoer wurden durch Handel wohlhabend. Sie befuhren das östliche Mittelmeer und tauschten dort Waren mit den Ägyptern und anderen Völkern. Dadurch erschlossen sie ihrer Heimat neue Horizonte. Viele minoische Könige ließen sich prachtvolle Paläste erbauen. Neben dem Palast des Minos entdeckte man bei Grabungen drei weitere

WERTVOLLES METALL
In der Antike wurde Bronze hoch geschätzt. Auch lange nach Ende der Bronzezeit stellten Griechen daraus noch kostbare Gegenstände wie dieses Weinsieb her.

große und
mehrere kleine Anlagen.
Offenbar wohnten hier die
Angehörigen der herrschenden Schicht,
während die übrige Bevölkerung in den umliegenden
Städten lebte.

SPRINGENDE DELFINE
Die Minoer liebten die Natur und bildeten sie oft ab. Dieser Delfin ist auf einem Fresko in den Königinnengemächern von Knossos zu sehen.

Die Königspaläste waren mit farbigen Balkonen und Terrassen prachtvoll ausgestattet. Durch ein ausgeklügeltes System von Wasserleitungen floss Trinkwasser und es gab sogar Badewannen und Toiletten mit Wasserspülung. Im Palast des Minos waren zahlreiche Wände mit Gemälden geschmückt, die uns einen Eindruck vom Alltagsleben und den religiösen Bräuchen der Minoer geben.

Der Palast von Knossos

Im weitläufigen Palast herrschte rege Betriebsamkeit. Der große Innenhof war von Steingebäuden mit bis zu sechs Stockwerken umgeben. Dort gab es hunderte von Zimmern. Im Erdgeschoss lagerte in großen Tongefäßen Getreide und Olivenöl. Andere Säle dienten als Werkstätten oder Andachtsräume. In einigen waren Schreiber untergebracht, die die Palastgeschäfte beaufsichtigten. Ferner gab es öffentliche Bereiche sowie reich geschmückte Privatgemächer.

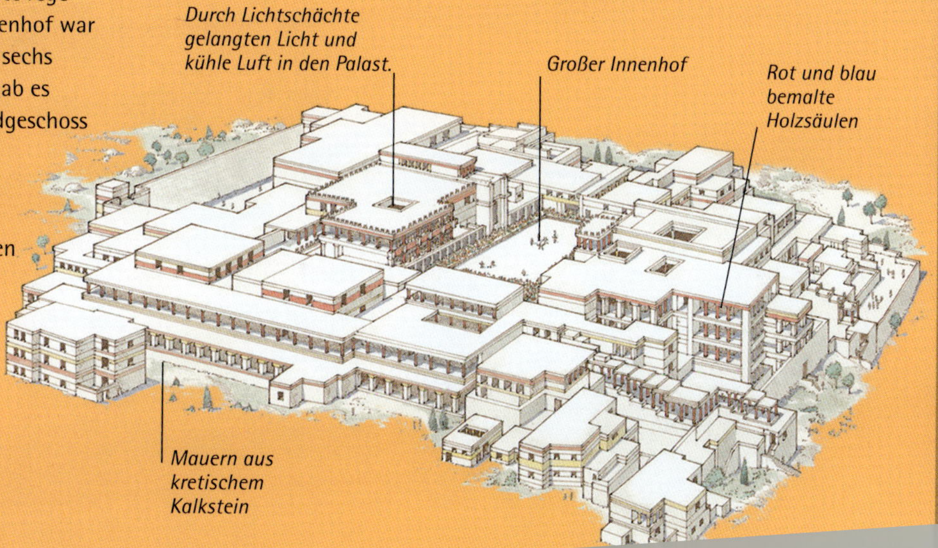

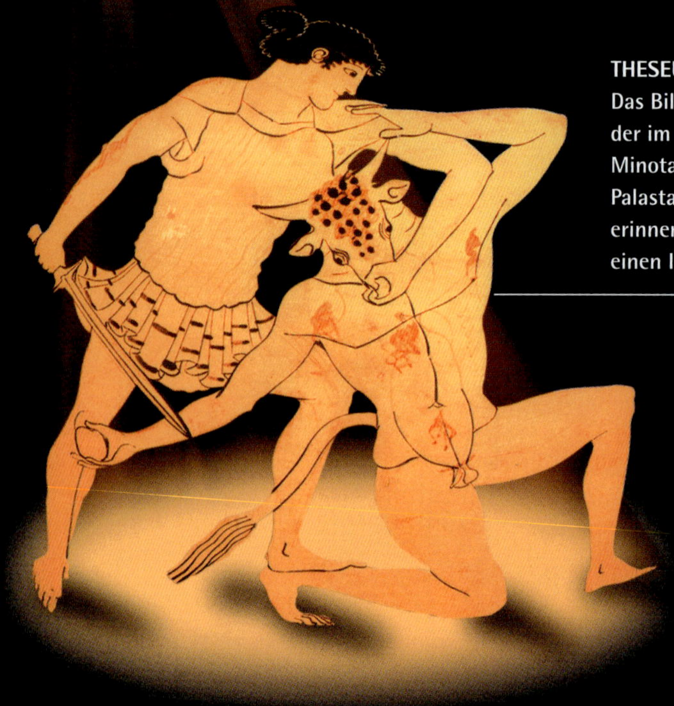

THESEUS
Das Bild zeigt Theseus, der im Labyrinth den Minotaurus tötet. Die Palastanlage von Knossos erinnert tatsächlich an einen Irrgarten.

Allerdings hatte die minoische Kultur auch ihre dunklen Seiten. Eine griechische Sage erzählt, dass es im Palast des Minos ein großes Steinlabyrinth gab. Dort lebte der Minotaurus, ein Menschen fressendes Ungeheuer mit dem Körper eines Mannes und dem Kopf eines Stiers. Nach der Sage soll König Minos junge Männer und Frauen gefangen und in das Labyrinth gesperrt haben. Hier irrten sie umher, bis der Minotaurus sie fand und auffraß.

Über die Religion der Minoer ist nur wenig bekannt, aber einigen Hinweisen zufolge könnten sie Menschen geopfert haben. Auf vielen Gemälden sind Männer abgebildet, die über den Rücken eines Stiers springen. Wahrscheinlich waren Stiere den Minoern heilig und der gefährliche Stiersprung gehörte zu einer religiösen Zeremonie. Von Gemälden und Statuen wissen wir auch, dass Höhlen und Berggipfel als Heiligtümer verehrt wurden. Die Minoer beteten zu einer Reihe von Göttinnen, darunter zur so genannten Herrin der Tiere und zur Schlangengöttin.

SCHLANGENGÖTTIN
Diese Elfenbeinfigur ist als Schlangengöttin bekannt, könnte aber auch eine Priesterin sein. Sie hält in jeder Hand eine Schlange, auf ihrem Kopf sitzt ein Vogel.

Eine der bemerkenswertesten Leistungen der Minoer war die Entwicklung von mindestens zwei Schriftsystemen. Sie benutzten zunächst eine Art Bilderschrift, die um 2000 v. Chr. von einer neuen Schrift abgelöst wurde, die wir »Linear A« nennen. Diese bestand aus Zeichen und Bildern, die bis heute noch niemand entziffern konnte. Die Zeichen wurden in Tontafeln eingeritzt. Archäologen vermuten, dass auf diese Art die Nahrungsvorräte und andere Waren in den Palastlagern aufgezeichnet wurden. Wahrscheinlich gab es Schriftgelehrte, die solche Aufzeichnungen vornahmen.

Da die Paläste offenbar unbefestigt waren, nimmt man an, dass die Minoer in Frieden lebten und keine feindlichen Angriffe befürchteten. Der Niedergang ihrer Kultur könnte mit einer Reihe von Erdbeben oder Vulkanausbrüchen begonnen haben. Um 1450 v. Chr. zerstörten Brände die Paläste und die minoische Gesellschaft brach zusammen. Offenbar eroberten dann Menschen vom griechischen Festland die Insel. Diese Eroberer nennen wir heute Mykener, nach einer berühmten Burg im Ort Mykenä.

Die Mykener hatten sich um 2000 v. Chr. auf der griechischen Halbinsel angesiedelt. Sie lebten in kleinen unabhängigen Reichen, die um einzelne Städte entstanden waren. Man nimmt an, dass Mykenä die reichste und mächtigste dieser Städte war.

RÄTSELHAFTE SCHEIBE
Diese Scheibe aus gebranntem Ton wurde im Süden von Kreta gefunden. Die Zeichen könnten zu einer dritten minoischen Schrift gehören.

AUSFAHRT DER SCHIFFE
Dieses Fresko stammt von einer minoischen Siedlung auf der Insel Thera. Es zeigt Boote, die den Hafen verlassen. Eine Menschenmenge am Ufer sieht ihnen zu.

URALTE WAFFE
Dieser Bronzedolch gehörte einst einem mykenischen Krieger. Er ist ungefähr 3600 Jahre alt. Die Verzierungen auf der Klinge sind aus Silber.

Die frühesten Spuren der mykenischen Kultur sind die im 19. Jahrhundert entdeckten Königsgräber von Mykenä. Hier fanden Archäologen große, mit Steinen verkleidete Schachtgräber aus der Zeit um 1650 v. Chr. Die Mykener glaubten an ein Leben nach dem Tod und gaben ihren Toten daher Schmuck, Waffen und andere Gegenstände mit ins Grab. Später, um 1500 v. Chr., wurden Mitglieder der Königsfamilie in unterirdischen Kuppelgräbern bestattet, die man durch Tunnel betrat.

Die Königsfamilien der Mykener lebten in Palästen, in deren Mitte ein Raum namens *megaron* lag, wo sich Feuerstelle und Thron befanden. Der König wurde *wanax* genannt. Er herrschte über eine Gesellschaft, die sich aus Priestern, Kriegern, Handwerkern und Sklaven zusammensetzte. In der mykenischen Kultur drehte sich das Leben vor allem um Kämpfe, Raubzüge und Jagden. Auf die Palastwände waren Kampfszenen mit Speerträgern sowie Jagdszenen mit Wildschweinen und Löwen gemalt. Soldaten trugen Bronzerüstungen, Lederschilde und mit Wildschweinzähnen besetzte Helme. Manche von ihnen kämpften auf zweirädrigen Streitwagen, die von zwei Pferden gezogen wurden.

KÖNIGSMASKE
Mehrere Könige Mykenäs wurden mit goldenen Totenmasken bestattet. Dieses Gesicht schrieb man eine Zeit lang fälschlicherweise Agamemnon zu.

Nach der Eroberung Kretas trieben die Mykener im gesamten östlichen Mittelmeerraum Handel. Auf Kreta und anderen ägäischen Inseln gründeten sie Außenposten. Sie tauschten nicht nur mit Ägyptern Waren, sondern auch mit Völkern des Nahen Ostens. Zentral- und Südgriechenland blieb jedoch der Mittelpunkt ihrer Kultur. Mit zunehmendem Reichtum ließen sich die Könige immer größere Paläste und bessere Befestigungen erbauen. Die Mauern bestanden nun aus so gewaltigen Steinblöcken, dass die Griechen später glaubten,

LÖWENTOR
Die Festung von Mykenä war umgeben von einer Mauer aus wuchtigen Steinquadern. Über dem großen Tor standen zwei steinerne Löwen Wache.

Riesen hätten sie errichtet. Diese Mauern heißen heute Zyklopenmauern (benannt nach Zyklop, dem einäugigen Riesen der griechischen Sage).

Die Mykener entwickelten aus der minoischen Schrift eine eigene, die wir »Linear B« nennen. Tontafeln mit Linear-B-Texten wurden in Knossos auf Kreta und an vielen anderen Orten Griechenlands entdeckt. Erst 1952 gelang es dem Engländer Michael Ventris, diese Zeichen zu entziffern. Er stellte fest, dass Linear B eine Vorform des Altgriechischen und damit auch des Neugriechischen darstellte. Die Texte auf den Tontafeln waren größtenteils Warenlisten von Wagenmachern, Tischlern, Goldschmieden und Webern. Es gibt aber auch Aufzeichnungen über mykenische Götter. Die Religion spielte im alten Griechenland schon früh eine wichtige Rolle.

Funde aus Palästen wie Sessel, Hocker, Spiegel, Musikinstrumente, Öllampen, Elfenbeinfiguren und Tongeschirr zeigen uns, wie wohlhabend Mykenä war. Außerdem entdeckte man zahlreiche Gegenstände aus Bronze, dem wichtigsten Metall dieser Zeit.

TINTENFISCHVASE
Mykenische Händler befuhren das östliche Mittelmeer. Diese Vase wurde in einer Siedlung auf Rhodos gefunden. Das Wellenmuster der Fangarme ist typisch für die mykenische Kunst.

FRÜHE GÖTTER
Einige mykenische Götter wurden später von den Griechen übernommen, darunter der Meeresgott Poseidon und der Himmelsgott Zeus (unten).

Ab dem 13. Jahrhundert v. Chr. kam der mykenische Handel zum Erliegen und die Städte erlebten einen wirtschaftlichen Niedergang. Manche Historiker nehmen an, dass schlimme Missernten oder etwa ein Erdbeben der Grund dafür waren. Andere glauben, dass es innerhalb der mykenischen Kultur zu Problemen kam und die einzelnen Reiche sich bis zur gegenseitigen Vernichtung bekriegten. Die wahren Ursachen für den Untergang Mykenäs werden wir vermutlich nie erfahren.

Heute weiß man nur, dass viele Städte des östlichen Mittelmeerraums in dieser Zeit verwüstet wurden und dass auch das Hethiterreich in der heutigen Türkei damals plötzlich unterging. In Mesopotamien kam es zu Aufständen und fremde, so genannte »Seevölker«, griffen Ägypten an. Möglicherweise besteht zwischen diesen Ereignissen und dem Ende der mykenischen Kultur ein Zusammenhang.

Die Geschichte der mykenischen Könige wurde nie schriftlich festgehalten. Aber als Helden eines lange vergangenen Zeitalters leben sie in den griechischen Mythen fort. Die Sagen von Herakles oder von Jason und den Argonauten könnten durchaus ein Körnchen geschichtlicher Wahrheit enthalten. Auch wenn sich die märchenhaften Abenteuer nicht wirklich in dieser Form abspielten, weisen die Mythen möglicherweise auf Ereignisse hin, die tatsächlich stattgefunden haben.

URSCHRIFT
Die eingeritzten Zeichen auf dieser Tontafel gehören zur mykenischen Schrift Linear B, die als Vorform der griechische Schrift gilt.

Die bekannteste griechische Sage erzählt vom Krieg mit der Küstenstadt Troja in Kleinasien. Ein trojanischer Prinz hatte Helena, eine schöne griechische Königin, entführt. Daraufhin beschlossen die Griechen unter Führung des Königs Agamemnon nach Troja zu segeln und die Stadt zu belagern. Zehn Jahre lang kämpften sie gegen die von König Priamos und seinem Sohn Hektor befehligten Trojaner. Schließlich ersann der Grieche Odysseus eine List: Er ließ ein überlebensgroßes, hohles Holzpferd auf Rädern bauen und versteckte einige Krieger darin. Es was ein perfekter Plan, denn die Trojaner hielten das Pferd für ein Friedensangebot der Griechen und zogen es als Geschenk in ihre Stadt. In der Nacht aber kletterten die griechischen Krieger aus dem Pferd, töteten die Wachen und öffneten ihrer Armee die Stadttore. Bald stand Troja in Flammen und der zehnjährige Krieg war beendet.

Die griechischen Sagen wurden erst seit dem 8. Jahrhundert v. Chr. schriftlich festgehalten. Im 19. Jahrhundert begeisterte sich der Deutsche Heinrich Schliemann für die Erzählung vom Trojanischen Krieg. Er glaubte, dass in der Sage von den

GEFÄHRLICHE ZEITEN
Kriege und Gewalt prägten das 13. Jh. v. Chr. Auf diesen Steinen sieht man die »Seevölker« im Kampf gegen die Ägypter, die deren Angriffe zweimal erfolgreich abwehrten.

HERAKLES' HELDENTATEN
Der Sagenheld Herakles musste zwölf Aufgaben bewältigen. Hier tötet er Vögel, die Menschenfleisch fraßen.

HELENA UND MENELAOS
Diese Ritzzeichnung zeigt Helena von Troja und ihren Ehemann Menelaos, König von Sparta. Helenas Schönheit war so groß, dass sie »tausend Schiffe in Bewegung setzte«.

verfeindeten Königen Priamos und Agamemnon ein Funken Wahrheit enthalten sein könnte. Also machte er sich auf die Suche nach der geheimnisvollen Stadt Troja. Bei Grabungen in der Türkei fand er tatsächlich Überreste einer Stadt aus der Bronzezeit, die seiner Ansicht nach Troja war. In Griechenland entdeckte er weitere alte Städte, darunter auch Mykenä, wo er auf Schachtgräber mit kostbaren Schätzen und Waffen stieß.

TROJANISCHES PFERD
Obgleich wir nicht wissen, ob es wirklich einen Trojanischen Krieg gab, fasziniert uns die Geschichte vom hölzernen Pferd bis heute.

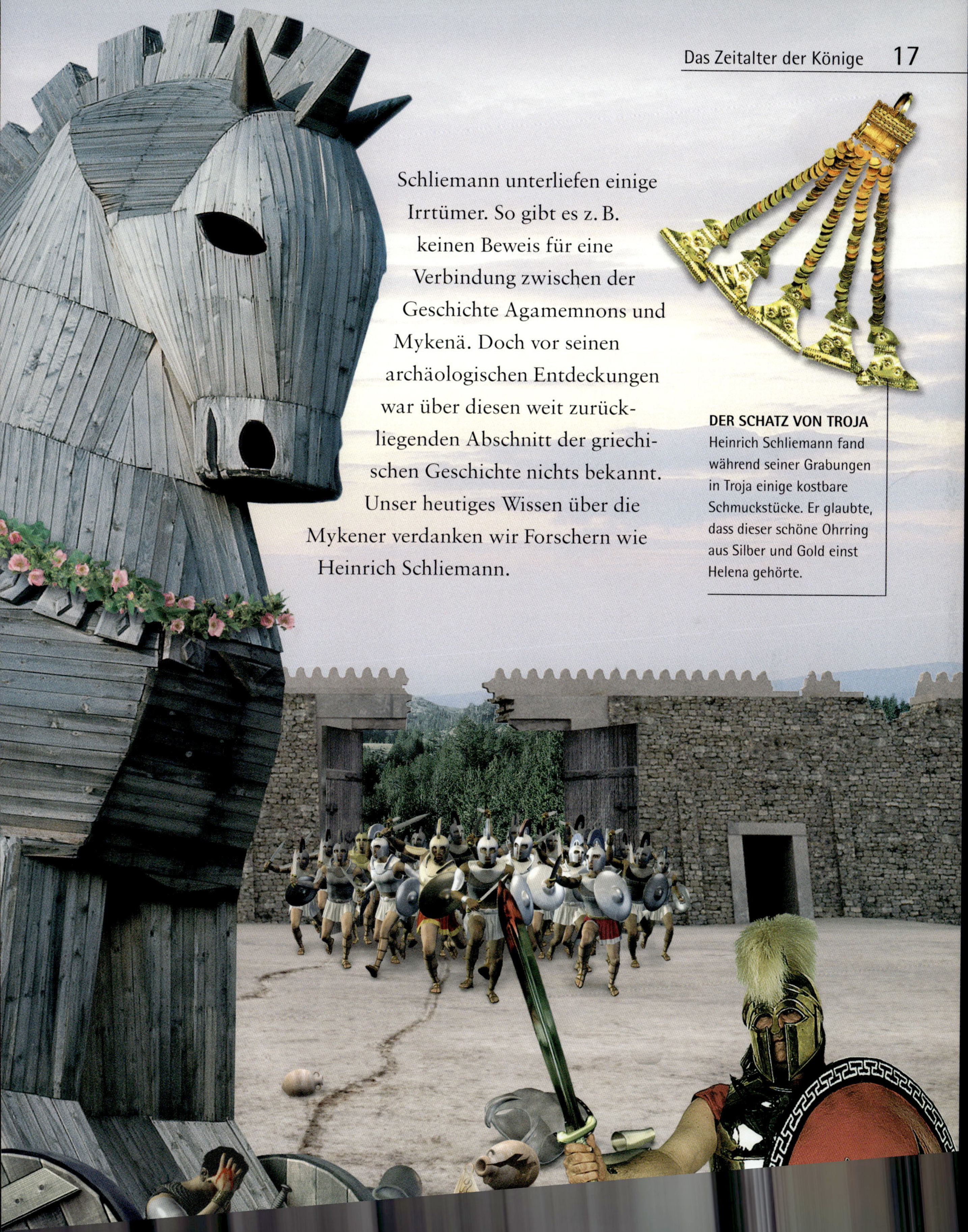

Schliemann unterliefen einige Irrtümer. So gibt es z. B. keinen Beweis für eine Verbindung zwischen der Geschichte Agamemnons und Mykenä. Doch vor seinen archäologischen Entdeckungen war über diesen weit zurückliegenden Abschnitt der griechischen Geschichte nichts bekannt. Unser heutiges Wissen über die Mykener verdanken wir Forschern wie Heinrich Schliemann.

DER SCHATZ VON TROJA
Heinrich Schliemann fand während seiner Grabungen in Troja einige kostbare Schmuckstücke. Er glaubte, dass dieser schöne Ohrring aus Silber und Gold einst Helena gehörte.

KAPITEL ZWEI

Das *Dunkle* Zeitalter

Die Zeit nach dem Untergang von Mykenä um 1200 v. Chr. bezeichnet man auch als das »Dunkle Zeitalter« Griechenlands. Die Griechen vergaßen ihre Schriften, bauten keine neuen Paläste mehr und betrieben kaum noch Handel. Auch das Handwerk starb fast.

DIE ANZAHL DER EINWOHNER verringerte sich stark, in manchen Gegenden um 60 bis 90 Prozent. Dieser Bevölkerungsrückgang übertrifft sogar jenen des 14. Jahrhunderts, als ein Viertel der Europäer an der Pest starb. In Griechenland lösten wahrscheinlich Kriege und Hungersnöte den Niedergang aus. Doch da aus dieser Epoche keine Aufzeichnungen erhalten sind, wissen wir nicht genau, was damals geschah. Natürlich bauten die Menschen auch im Dunklen Zeitalter Weizen und Gerste an, hielten Schafe und Rinder, errichteten Häuser und stellten Werkzeug her. Doch sie lebten zurück-

OPFERALTAR
Diese Vasenmalerei zeigt ein Opfer für die Göttin Athene, die rechts vom Altar steht. Ein Mädchen trägt Weizenähren, drei Männer führen einen Ochsen, der getötet und verbrannt werden soll.

Die Menschen sprachen weiterhin Griechisch, die Sprache der Mykener. Sie verehrten auch nach wie vor einige der alten Gottheiten, denn Religion war ein wichtiger Bestandteil ihres Alltags. Die Griechen glaubten, dass die Götter ihr Leben direkt beeinflussen könnten. Um sie günstig zu stimmen, hielten sie verschiedene Rituale und Zeremonien ab. Für Götter, die über der Erde wohnten, veranstalteten sie Feiern im Freien. Sie verbrannten das Fett und die Knochen geschlachteter Schafe oder Ochsen. Der aufsteigende Rauch sollte ihre Gabe zu den Göttern tragen. Das Fleisch aßen die Menschen selbst. Um Gottheiten der Unterwelt zu ehren, wurden Wein und Tierblut auf dem Boden ausgegossen. Bestimmte Orte, wie z. B. Felsspalten, galten als Eingang zur Unterwelt. Hier war es möglich, mit Göttern und Toten in Verbindung zu treten.

Im Dunklen Zeitalter fand eine sehr wichtige Veränderung statt: Bronze wurde durch Eisen ersetzt. Die Entwicklung von Eisen stellte einen wesentlichen Fortschritt für die Menschen dar, etwa vergleichbar mit der Erfindung des Rads oder dem Beginn der Luftfahrt. Die Eisenbearbeitung ist ein komplizierter Vorgang, bei dem das Metall gekühlt, erhitzt und wieder gekühlt werden muss. Eisen wurde um 1000 v. Chr. nicht von den Griechen, sondern weiter östlich entwickelt. Es verbreitete sich aber rasch auch in Griechenland: Werkzeuge und Waffen aus diesem neuen Metall wurden bald fast überall benutzt.

SCHMIEDEHANDWERK
Das zu kleinen Brocken zerstoßene Erz, ein eisenhaltiges Gestein, kam in den Ofen. Mit dem Blasebalg wurde das Feuer angefacht, bis es so heiß war, dass das Erz schmolz. Das Eisen floss zu einem Klumpen zusammen. Hier holt der Schmied den Eisenklumpen mit einer Zange aus dem Ofen, um ihn auf dem Amboss weiter zu bearbeiten.

Ein interessanter Fund aus dem Dunklen Zeitalter stammt von der Insel Euböa, dem heutigen Evia, an der Ostküste Griechenlands. Hier entdeckten Archäologen eine ungewöhnliche Ruine aus dem 10. Jahrhundert v. Chr. Das Gebäude sieht ganz anders aus als die älteren mykenischen Bauwerke. Es ist rechteckig, 45 m lang und 10 m breit, und enthält ein zweigeteiltes Grab. In einer Hälfte lagen die Gebeine eines Mannes und einer Frau, in der anderen die Skelette von vier Pferden. Vielleicht war es das Grabmal eines hoch angesehenen Ehepaars, doch wissen wir nichts über ihr Leben und den Zweck des riesigen Gebäudes. Nachfolgende Generationen beerdigten ihre Toten rings um den Erdhügel, der die Ruine bedeckte.

In den Gräbern fand man Gegenstände, die aus dem östlichen Mittelmeerraum stammten. Daher nimmt man an, dass die hier lebenden Menschen selbst im Dunklen Zeitalter

SCHWERTSCHMIEDE
Das Eisen wurde auf dem Amboss mit dem Hammer dünner und härter geschlagen. Dann tauchte der Schmied es in kaltes Wasser, erhitzte es und hämmerte erneut. Dies wiederholte er so oft, bis die Klinge fest und scharf war.

PARFÜM AUS KORINTH
Dieser Behälter enthielt einst Parfüm aus Korinth und war mit Wachs versiegelt, damit die wohlriechende Flüssigkeit nicht verdunstete. Die Stadt war für ihre originellen Parfümflaschen berühmt.

Handel trieben. Griechenland war also damals wahrscheinlich nicht völlig von der Außenwelt abgeschnitten. Bereits 1000 v. Chr. entstanden griechische Siedlungen auf den ägäischen Inseln und an der Küste Kleinasiens. Das griechische Gebiet in Kleinasien, der heutigen Türkei, wurde Ionien genannt. Es entwickelte sich zu einer der fortschrittlichsten Regionen Griechenlands.

Um das 9. Jahrhundert v. Chr. gab es vermehrt Anzeichen dafür, dass sich die griechische Kultur erholte. Die Handelsbeziehungen zwischen den Städten nahmen zu. In dieser Zeit entstanden auch die ersten griechischen Tempel. Es waren allerdings noch nicht die Prunkbauten späterer Jahrhunderte, sondern kleine strohgedeckte Lehmhäuser mit einem Herd oder Opferaltar in der Mitte.

Während dieser Zeit wurden wahrscheinlich alle Dörfer und Städte eines Gebiets von einem Rat der Oberhäupter

GEOMETRISCHE MUSTER
Zwischen dem 8. und dem 10. Jh. v. Chr. entstanden neue Verzierungen für Tongefäße. Streifen, Zickzacklinien und Dreiecke waren besonders beliebt.

FABELWESEN
Diese Terrakottafigur stellt einen Kentauren dar, ein Mischwesen aus Mensch und Pferd. Man fand sie auf dem Friedhof von Lefkandi auf der Insel Euböa.

NEUE SIEDLUNGEN
Griechen verließen ihre Heimat aufgrund von Armut, Krieg, Hungersnot oder Überbevölkerung. Dieser Teil der ionischen Küste, heute türkisch, sieht fast so aus wie damals, als sich Griechen hier ansiedelten.

regiert, dem ein Einzelner vorsaß. Jede Stadt besaß ihre eigene Ratsversammlung. Vermutlich gab es auch Gerichtshöfe, in denen die Anführer eine wichtige Rolle spielten. Als sich die Lebensbedingungen im 8. Jahrhundert v. Chr. verbesserten, wuchs auch die Bevölkerung wieder. Da das Ackerland nun mehr Menschen ernähren musste, wurde es intensiver genutzt und die Landbesitzer gewannen an Ansehen und Macht. An die Stelle einzelner Oberhäupter trat nun eine Adelsschicht, die aus mächtigen Landbesitzern und hochrangigen Kriegern bestand.

Mit zunehmendem Wohlstand begannen auch die Städte zu wachsen. Die Adligen übernahmen die wichtigsten Ämter und waren für die Gesetzgebung und die Einhaltung der Gesetze zuständig. Sie überwachten außerdem die religiösen Zeremonien. Handwerker und Bauern unterstanden ihnen.

AUSWANDERER
Da viele Griechen ihre Heimat verließen und neue Siedlungen gründeten, breitete sich die griechische Kultur immer weiter aus. Die Siedler galten als griechische Bürger und behielten ihre Rechte. Neugründungen war nicht ungefährlich: Nach einer langen Seereise riskierten die Auswanderer, bei der Landung angegriffen zu werden.

In diesem Zeitraum entwickelten sich die griechischen Stadtstaaten. Ein Stadtstaat wurde *polis* genannt – davon ist unser Wort »Politik« abgeleitet. Eine *polis* bestand aus einer Stadt und den umliegenden Dörfern samt Acker- und Weideland. Alle Bürger einer *polis* waren vor dem Gesetz gleich, wobei Frauen und Sklaven allerdings nicht als Bürger zählten. Nach und nach führten die Stadtstaaten eigene Währungen, Maße und Gewichte ein und die Bürger waren stolz auf ihre Unabhängigkeit. Das System der *polis* überdauerte ungefähr acht Jahrhunderte.

TEMPEL DER EINTRACHT
Die griechischen Stadtstaaten auf Sizilien und in Süditalien gehörten zu den wohlhabendsten der griechischen Welt, weil sie Zinn und Silber ausführten. Das Foto zeigt den Tempel der Eintracht in Agrigento (Sizilien).

Nach dem Dunklen Zeitalter schien der Unternehmungsgeist der Griechen neu zu erwachen. Griechische Bürger segelten quer über das Mittelmeer, um in Süditalien und auf Sizilien neue Siedlungen zu gründen. Möglicherweise strebten sie nach eigenem Landbesitz. Vielleicht wurden sie aber auch von den großen Metallvorkommen Italiens angelockt. Neue Märkte und Handelsbeziehungen eröffneten sich. Bald beschränkten sich griechische Auswanderer nicht mehr auf Italien und Sizilien, sondern erschlossen immer größere Gebiete, um Hungersnöten zu entkommen, Abenteuer zu erleben oder neue Länder zu erobern.

SCHILDKRÖTENMÜNZE
Die Bewohner von Ägina, einer zwischen Athen und Südgriechenland gelegenen Insel, waren Seeleute und Händler. Um 600 v. Chr. prägten sie die ersten griechischen Münzen. Ihr Erkennungszeichen war eine Schildkröte. Andere Städte wählten eigene Symbole.

Aus dieser Zeit der Auswanderung und Eroberung stammen Texte, die uns erklären, wie die Griechen damals vorgingen. Sie suchten sich Siedlungsgebiete, die über geeignete Häfen und fruchtbares Ackerland verfügten. Wenn eine griechische Stadt eine neue Siedlung gründen wollte, wählte sie einen Mann als Anführer der Auswanderer. Jeder Teilnehmer wurde von einem seiner Söhne begleitet und erhielt nach seiner Ankunft ein Stück Land. Wer sich weigerte an dieser wichtigen Unternehmung teilzunehmen, wurde hingerichtet und verlor sein Eigentum. Meist bestand zwischen den Städten und ihren Siedlungen eine enge Beziehung. Gelegentlich kam es aber auch zu Auseinandersetzungen und Kriegen.

FRUCHTBARES LAND
Auf den fruchtbaren Vulkanböden Siziliens wurden vor allem Weinstöcke und Ölbäume gepflanzt. Später bauten die Siedler auch Weizen an, der zu einer wichtigen Handelsware wurde.

Handelsschiffe

Als der Handel blühte, waren auf dem Schwarzen Meer und dem Mittelmeer unzählige Schiffe unterwegs. Von griechischen Siedlungen transportierten sie Honig, Parfüm, Weizen, Wein, Oliven, Holz und Wollstoffe. Aus Zypern brachten sie Kupfer, aus Spanien Zinn, aus Arabien Weihrauch, aus Afrika Elfenbein und aus der Schwarzmeerregion Sklaven. Die Handelsschiffe hatten breite, tiefe Rümpfe und ein einziges quadratisches Segel. Der Steuermann saß hinten und lenkte das Schiff mit einem Steuerruder. Da im Mittelmeer sehr plötzlich Stürme aufkommen können, fuhr man meist an der Küste entlang und steuerte nur selten aufs offene Meer.

HOMER
Der Überlieferung zufolge stammte Homer von der Insel Chios und war blind. Seine Heldendichtungen *Ilias* und *Odyssee* wurden um das 8. Jh. v. Chr. niedergeschrieben und sind heute noch beliebt.

Insgesamt gründeten die Griechen vom Schwarzen Meer bis zu den Küsten Südfrankreichs und Spaniens über 150 Siedlungen. Rings um das Schwarze Meer und das Mittelmeer errichteten sie Handelsposten, die den Neugründungen großen Wohlstand einbrachten. Sizilien und Süditalien waren von Griechen so dicht besiedelt und wurden so reich, dass man diese Region als »Großgriechenland« bezeichnete. Auswanderung und blühender Handel führten zu verstärktem Schiffsverkehr auf dem Mittelmeer und damit zur Verbreitung der griechischen Kultur.

In dieser Blütezeit blickten die Griechen auch gerne auf ihre Vergangenheit zurück. Sie waren stolz auf die griechische Geschichte und ihre Helden. Um das 8. Jahrhundert v. Chr. fasste der Dichter Homer die Taten des »Heldenzeitalters« in Versform. Seine Werke *Ilias* und *Odyssee* enthielten Sagen, die schon viele Generationen lang mündlich weitergegeben worden waren. Begleitet von der Lyra, der griechischen Leier, oder dem Blasinstrument *aulos* trug man sie bei besonderen Anlässen vor. Am beliebtesten war die Geschichte vom Trojanischen Krieg. Für Kriegshelden wie Achill oder Agamemnon wurden neue Schreine errichtet. Auf diese Weise blieb die Erinnerung an die griechische Vergangenheit lebendig. Sie bildete die Grundlage für einen erfolgreichen Aufbruch in die Zukunft.

ODYSSEUS' ABENTEUER
Homers *Odyssee* handelt von den Irrfahrten des griechischen Helden Odysseus. Hier sieht man ihn am Mast festgebunden: Er wollte dem Gesang der Sirenen zuhören, ohne davon in den Tod gelockt zu werden. Die Ohren seiner Gefährten waren mit Wachs verstopft.

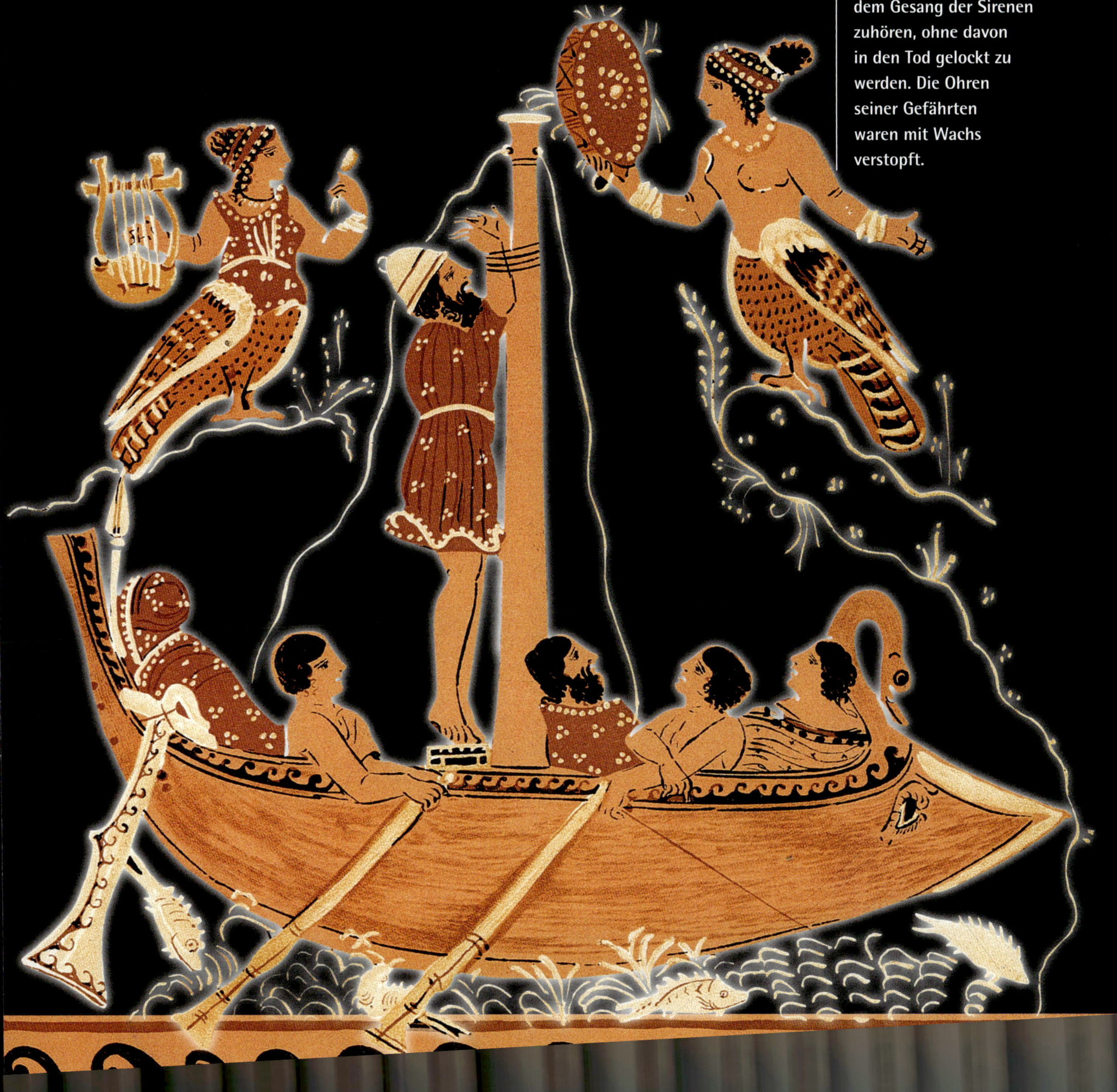

KAPITEL DREI

Götter, *Helden* *und* Tyrannen

Im 8. Jahrhundert v. Chr. erlebte Griechenland einen beachtlichen Aufschwung. Dörfer wuchsen zu Stadtstaaten und der Seehandel weitete sich aus. Die Griechen pflegten Umgang mit anderen Ländern und entwickelten neue Kunstformen.

Den Zeitraum zwischen 800 und 500 v. Chr. bezeichnet man auch als »Archaisches Zeitalter« Griechenlands. Die Bevölkerung wuchs weiter an und der Lebensstandard verbesserte sich. Neue religiöse Feiern brachten selbst Bewohner abgelegener Siedlungen zusammen. Vasen aus dieser Zeit zeigen Tanzszenen und Festumzüge. Der bedeutendste Fortschritt aber war die Wiederentdeckung der Schrift. Nun konnten die Griechen Geschichten und Lieder, die bisher mündlich überliefert worden waren, schriftlich festhalten. Das Alphabet übernahmen sie von den im Nahen Osten lebenden Phöniziern. Sie verbesserten es, indem sie Buchstaben für Vokale ergänzten. Damit schufen sie den Vorläufer aller europäischen Alphabete.

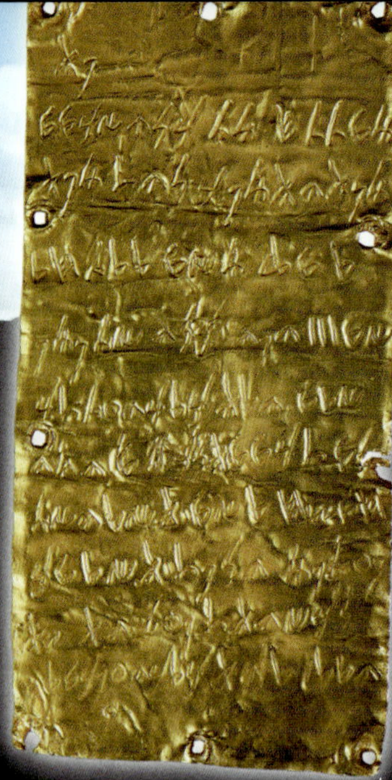

FRÜHES ALPHABET
Der Text auf dieser Tafel besteht aus phönizischen Buchstaben und beschreibt den Bau eines Heiligtums. Die Phönizier waren Händler, die im Gebiet des heutigen Libanon lebten.

Dank der Schrift konnten sich die Griechen nun Botschaften zukommen lassen und Ereignisse aufzeichnen. Archäologen fanden Behälter mit Inschriften, die uns faszinierende Einblicke in das damalige Leben geben. Auf einem Becher stand: »Ich bin Nestors Schale, aus mir trinkt man gut.« Der Text auf einem anderen Gefäß lautete: »Dieser Krug ist der Preis für den besten Tänzer.« Vor der Verbreitung der Schrift wurden Geschichten, Mythen und Sagen mündlich überliefert. Indem sie ihre Erzählungen aufschrieben, begründeten griechische Autoren die europäische Literatur.

Eine Welt ohne Götter war für die Griechen unvorstellbar. Jeder Stadtstaat hatte eine eigene Schutzgottheit. Athene war die Schutzgöttin Athens, Artemis diejenige der Stadt Ephesos. Den Dichtern zufolge lebten die zwölf wichtigsten Götter auf dem Gipfel des Olymp, des höchsten griechischen Berges. Deshalb nannte man sie auch Olympier. Von dort aus beobachteten sie die Menschen, beurteilten ihr Verhalten und griffen in ihr Leben ein. Nach Überzeugung der Griechen konnten die Götter auch Menschengestalt annehmen und die Erde besuchen. Gelegentlich verliebten sie sich in Menschen und hatten sogar Kinder mit ihnen. Manche Götter mochten bestimmte Menschen oder Städte nicht und schadeten ihnen. Zeus, der König der Götter, versuchte die Übrigen im Zaum zu halten. Jede Gottheit war für bestimmte Bereiche zuständig. So war z.B. Athene die Göttin der Weisheit und Aphrodite die Göttin der Liebe.

FEDER UND TAFEL
Griechische Schrift, wie sie auf dieser Tonscherbe zu sehen ist, gilt als Ursprung der europäischen Alphabete. Das Wort »Alphabet« stammt von den zwei ersten griechischen Buchstaben Alpha und Beta.

KÖNIG DER GÖTTER
Zeus wird gewöhnlich als kräftiger Mann dargestellt. Häufig hält er einen Blitz als Symbol seiner Macht.

Die Griechen glaubten auch an Wesen mit übernatürlichen Kräften. Diese Heroen oder Helden waren meist Kinder von Göttern und Menschen. Viele Sagen berichteten von Herakles, den wir auch unter seinem römischen Namen Herkules kennen. Er war der Sohn von Zeus und einer sterblichen Frau. Die Ehefrau von Zeus, die Göttin Hera, ärgerte sich über die Geburt so sehr, dass sie ihm zwei Schlangen in die Wiege schickte. Doch Herakles war schon als Säugling ungeheuer stark, sodass er die beiden Schlangen mühelos erwürgte. Später erzürnte er die Götter und sollte zur Strafe zwölf Aufgaben erfüllen. Unter anderem musste er das vielköpfige Ungeheuer Hydra töten und den dreiköpfigen Hund Zerberus fangen, der die Tore zur Unterwelt bewachte.
Herakles bewältigte alle diese Abenteuer.

SCHIRMHERR DER KÜNSTE
Apoll war der Gott von Musik und Dichtung, Wahrsagerei und Heilkunst. Die Griechen glaubten auch, er lenkte den Pferdewagen, der die Sonne über den Himmel zog.

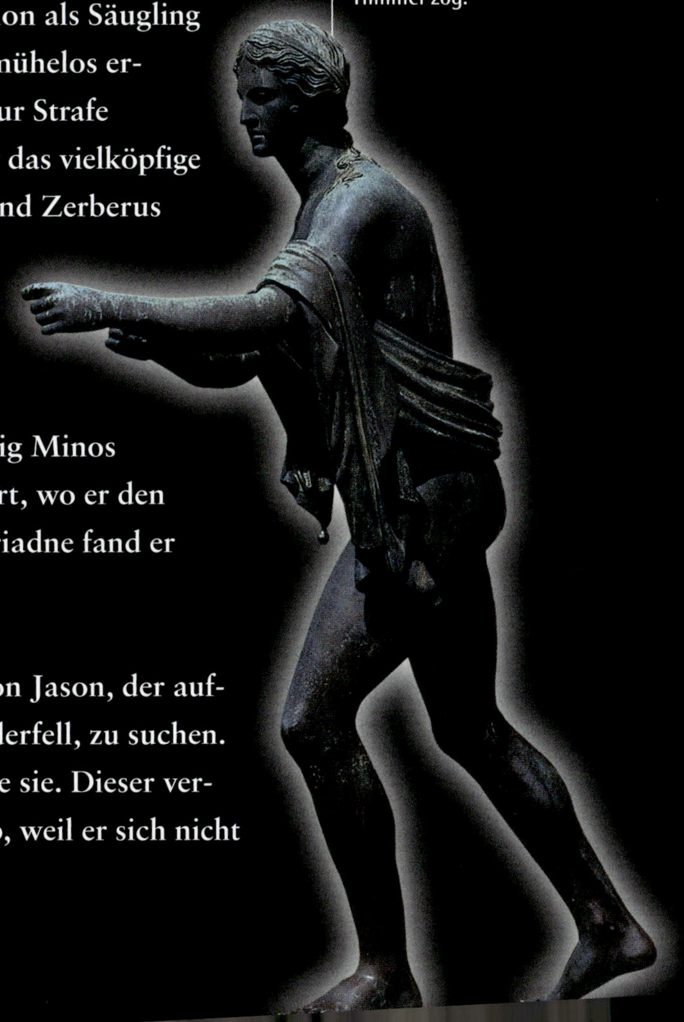

Bekannt war auch die Sage von Theseus, einem Prinzen aus Athen. Er wurde vom kretischen König Minos gefangen genommen und in das Labyrinth gesperrt, wo er den Minotaurus tötete. Mithilfe der Königstochter Ariadne fand er wieder aus dem Labyrinth heraus.

Viele Dichter befassten sich mit der Geschichte von Jason, der aufbrach, um das Goldene Vlies, ein wertvolles Widderfell, zu suchen. Auch der Mythos vom schönen Narziss faszinierte sie. Dieser verliebte sich in sein Spiegelbild im Wasser und starb, weil er sich nicht von seinem eigenen Anblick trennen konnte.

DER KRETISCHE STIER
Diese Vasenmalerei zeigt Herakles bei seiner siebten Aufgabe: die Bändigung des kretischen Stiers. Das Muster der Geißblattranke über dem Bild war in der griechischen Kunst sehr beliebt.

Rituale und Feierlichkeiten spielten in der griechischen Kultur eine große Rolle. Ein seltsamer Brauch, der wahrscheinlich auf frühe magische Kulte zurückgeht, war die Vertreibung des »Sündenbocks«. Ein Mitglied der Gemeinschaft musste alle Missetaten auf sich nehmen, wurde verflucht und aus der Stadt vertrieben, um Unheil von ihr abzuwenden. Nachdem die Stadtbewohner den »Sündenbock« ausgewählt hatten, wurde dieser ein Jahr lang sehr gut behandelt und schließlich mit einem Festmahl geehrt. Dann wurde der »Sündenbock« mit Flötenmusik bis zur Stadtgrenze geführt und wurde dort mit Stöcken und Steinen fortgejagt. Anschließend kehrten die Bürger zurück, ohne sich umzudrehen. Dieses Ritual war sehr alt, wahrscheinlich war es schon damals ein uraltes Kultritual. Archäologen fanden Amulette und Puppen, auf denen Opfernamen standen, die vielleicht mit diesem Brauch zu tun hatten.

SCHWERE LAST
Während seiner elften Aufgabe musste Herakles den Himmel abstützen. Diese Statue aus dem 19. Jh. zeigt ihn in seinem Umhang aus Löwenfell.

KRIEGERINNEN
Die Griechen waren fasziniert vom Mythos der Amazonen, einem stolzen Volk von Kriegerinnen. Auf diesem Bild greifen zwei Amazonen einen griechischen Soldaten an.

Viele Zeremonien sollten die Götter gnädig stimmen. Oft fanden sie im Freien statt: mit Festbanketten, Gesang und Tanz. Bei manchen Festen setzte man Kinder auf Schaukeln und ließ sie über heiligen Trinkgefäßen hin- und herschaukeln. Bei anderen trugen Kinder mit Obst und Wolle verzierte Olivenzweige. Höhepunkt dieser Feierlichkeiten war die Opferung eines Ochsen, Schafs, Schweins oder einer Ziege auf dem Altar. Das Tierblut wurde der Gottheit dargeboten, während die Gläubigen das Fleisch bekamen.

Alle wichtigen Ereignisse wie Feste, Theaterspiele oder sportliche Wettkämpfe waren einer bestimmten Gottheit gewidmet. Die Olympischen Spiele wurden z. B. zu Ehren des Zeus veranstaltet. Da Athleten aus ganz Griechenland an ihnen teilnehmen durften, nannte man sie auch panhellenische Spiele. Jahrhunderte später errechnete ein griechischer Historiker, dass die ersten Olympischen Spiele 776 v. Chr. stattfanden. Dieses Datum bezeichnete für viele Griechen den Beginn ihrer eigentlichen Geschichte. Alle vier Jahre strömten Wettkämpfer und Zuschauer aus dem ganzen Land zu den Spielen ins westgriechische Olympia.

HELD UND DRACHE
Als Jason das Goldene Vlies an sich nehmen wollte, wurde er von dem Drachen verschlungen, der es bewachte. Die Göttin Athene, hier mit ihrer Eule, rettete ihn.

Vor Beginn der Olympischen Spiele wurden dem Zeus Ochsen geopfert. Kriege unterbrach man für die Dauer der Wettkämpfe, damit die Athleten sicher nach Olympia und zurück reisen konnten. Über tausend Jahre lang veranstaltete man die Olympischen Spiele, bis der römische Kaiser Theodosius sie 393 n. Chr. abschaffte. Im Lauf ihrer langen Geschichte wurden sie jedoch zu einem wichtigen Wahrzeichen der griechischen Kultur. Die modernen Olympischen Spiele ließ man 1890 nach

dem Vorbild des antiken Wettkampfs wieder aufleben.

HEILIGE STÄTTEN
Heiligtum der Athene in Delphi am Berg Parnass. Im geweihten Bezirk standen ein Tempel und davor ein Altar. Der Berg soll wie andere abgelegene Orte ein beliebter Aufenthaltsort der Götter gewesen sein. Hier befand sich auch das Apollorakel.

Im alten Griechenland dauerten die Spiele insgesamt fünf Tage. Am ehrenvollsten war es, bei dem ältesten aller Wettbewerbe zu siegen, einem kurzen Sprintrennen namens *stadion*, von dem unser Wort »Stadion« abgeleitet ist. Als bester Athlet galt der Gewinner des *pentathlon*, eines Fünfkampfs, der folgende Einzeldisziplinen umfasste: Diskuswerfen, Speerwerfen, Springen, Laufen und Ringen. Zur Eröffnung wurde ein Wagenrennen veranstaltet. Diese Sportart stammte noch aus der Bronzezeit, als griechische Krieger auf Streitwagen kämpften. Die Wagen wurden von je vier Pferden durch eine Arena gezogen, die man Hippodrom nannte (nach *hippos*, dem griechischen Wort für Pferde). Diese Rennen waren nicht ganz ungefährlich. Die Reiter saßen ohne Sattel auf den Pferden und es gab oft Unfälle. Beliebt war auch *pankration*, eine Art Box- und Ringkampf, der Stunden dauern konnte. Hier war alles erlaubt, solange die Gegner einander nicht bissen oder an den Augen verletzten. Interessanterweise gab es keine Schwimmwettbewerbe – obwohl die Griechen am Meer lebten.

LIEDER UND TÄNZE
Auf griechischem Tongeschirr sind häufig Feste abgebildet. Die Randbemalung dieser Trinkschale zeigt einen festlichen Umzug.

Bei den Wettkämpfen waren die Sportler gewöhnlich *gymnos*, das heißt nackt. Daher nannte man den Ort, an dem alle Männer und Jungen einer Stadt trainieren konnten, *gymnasion*. Frauen durften an den Olympischen Spielen nicht teilnehmen, sie konnten höchstens Pferde für die Wagenrennen zur Verfügung stellen. Wurden unter den Zuschauern verheiratete Frauen entdeckt, so richtete man sie hin, indem man sie von einem nahen Berg hinunterstieß.

Die Gewinner der olympischen Wettkämpfe bekamen nicht etwa viel Geld oder Reichtümer, sondern wurden einfach mit Kränzen aus Olivenzweigen gekrönt. Nichtsdestotrotz brachte ein Sieg hohes Ansehen ein. Die Athleten traten zwar als Privatpersonen an und nicht als Vertreter ihrer Heimatstadt, doch wenn sie erfolgreich waren, dann feierte man sie nach ihrer Rückkehr und

HOPLITENRENNEN
Ein Wettlauf der Olympischen Spiele war den Hopliten vorbehalten, den griechischen Fußsoldaten. Sie mussten in voller Rüstung mit Beinschienen, Brustpanzer und Helm 400 m laufen. Später wurden die Regeln gelockert und die Soldaten trugen beim Rennen nur noch Helm und Schild.

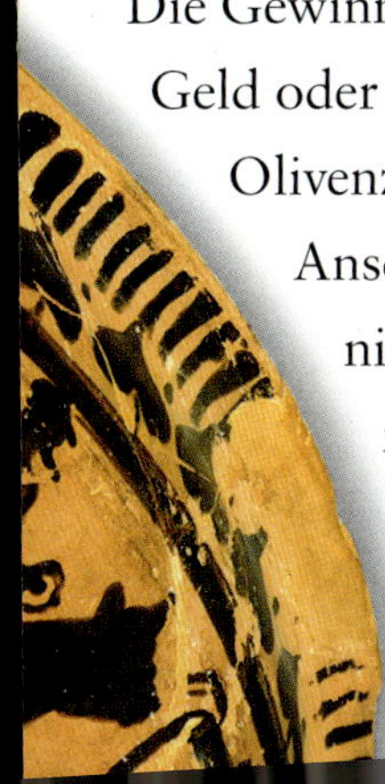

Olympia – der Austragungsort

Die Olympischen Spiele fanden fünf Tage lang am Heiligtum des Zeus in Olympia statt. Altar und Tempel lagen ursprünglich in einem heiligen Hain in Flussnähe. Im Lauf der Zeit entstanden rings um den Bezirk neue Gebäude. Alle vier Jahre strömten bis zu 40 000 Besucher nach Olympia. Es gab dort Tempel und Schatzhäuser, einen Festsaal, ein Gästehaus und eine *palaistra* (Sportplatz) für Ring- und Boxwettkämpfe. Im großen Zeustempel aus dem 5. Jh. v. Chr. stand eine gewaltige Statue des Gottes aus Gold und Elfenbein. Sie stammte vom Bildhauer Phidias, dessen Werkstatt man bei Ausgrabungen auf dem Gelände fand.

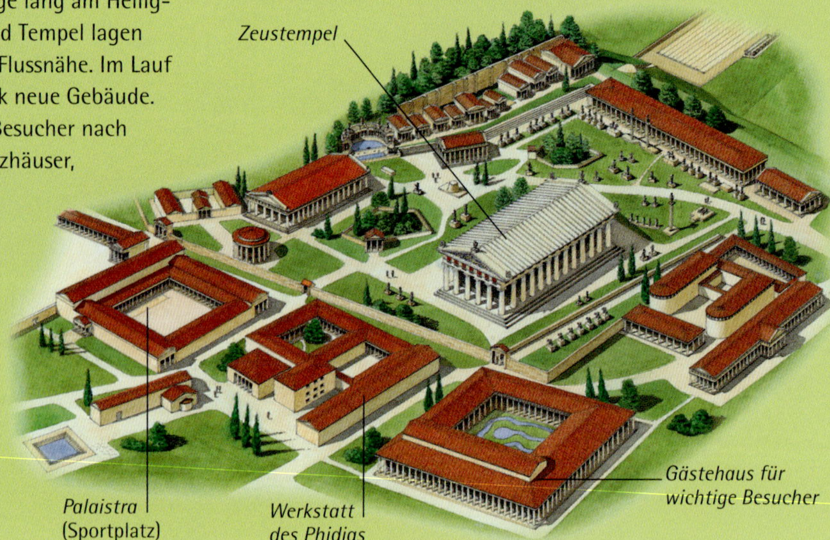

SIEGESKRANZ
Hinter dem Zeustempel wuchs der heilige Olivenbaum, aus dessen Zweigen die Siegeskränze geflochten wurden. Ein Sprecher verkündete nach jedem Wettkampf den Namen des Gewinners, doch die Preise wurden erst am letzten Tag verteilt.

überhäufte sie mit Geschenken. Athen bot seinen Olympiasiegern z. B. bis an ihr Lebensende freie Mahlzeiten. In anderen Städten wurden ihnen zu Ehren Statuen aufgestellt oder Gedichte geschrieben. In Nachahmung von Olympia fanden später in ganz Griechenland Wettbewerbe statt, die sich ebenfalls großer Beliebtheit erfreuten.

Im 8. Jahrhundert v. Chr. besaß jede Stadt ein Heiligtum für ihre Schutzgottheit. Manche dieser heiligen Stätten waren in ganz Griechenland bekannt, so auch das Apollheiligtum bei Delphi am Berg Parnass in Zentralgriechenland. Apoll, der Gott der Künste und Wissenschaften, galt als sehr einflussreich. Sein Heiligtum war Sitz eines berühmten Orakels, bei dem eine Priesterin als seine Sprecherin auftrat. Auch andernorts gab es Orakel, zu denen die Menschen von weit her anreisten, um aus dem Mund eines Priesters oder einer Priesterin göttliche

Ratschläge zu hören. Bevor z. B. ein Stadtstaat einem anderen den Krieg erklärte, wollten die Regierenden von Apoll wissen, ob sie erfolgreich sein würden. Auch Privatpersonen befragten das Orakel, um sich etwa in geschäftlichen oder ehelichen Angelegenheiten beraten zu lassen.

Bevor dem Gott eine Frage gestellt wurde, opferte man auf dem Altar eine Ziege. Das Tier wurde zuerst mit kaltem Wasser bespritzt. Wenn es zitterte, glaubte man, dass Apoll zur Antwort bereit sei. Seine Priesterin, die Pythia, setzte sich auf einen dreibeinigen Hocker vor die goldene Statue des Gottes.

Um die Fragen zu beantworten, fiel die Pythia in Trance. Manche Besucher missverstanden die göttlichen Antworten. Krösus, König von Lydien in Kleinasien, wollte z. B. vom Orakel wissen, ob er das Perserreich angreifen solle. Die Antwort war, dass er ein großes Reich zerstören werde, falls er in den Krieg zöge. Siegessicher erklärte Krösus Persien den Krieg. Doch er hatte die Antwort falsch gedeutet: Es war sein eigenes Reich, das er vernichtete.

OLYMPISCHES BOXEN
Boxen war der Lieblingssport der Griechen. Die Boxer umwickelten ihre Hände zum Schutz mit Lederstreifen.

ATHLETEN IN AKTION
Sportszenen verzierten viele Vasen. Von links nach rechts: Ein Werfer wählt einen Diskus aus, ein Weitspringer hebt die *halteres* genannten Steine, mit denen er springen muss, und zwei Ringer versuchen sich gegenseitig zu Fall zu bringen.

BERÜHMTER SIEGER
Theogenes war ein bekannter Athlet, der über 1400 Boxkämpfe gewonnen haben soll. Er boxte 22 Jahre lang und wurde nie geschlagen. Dieser Altar in Olympia war ihm gewidmet.

Niemand zweifelte an der Wahrheit der göttlichen Weissagung. Die Hüter des Apollschreins ließen sich für ihre Dienste bezahlen und verdienten gut an den Besuchern. Delphi wurde zu einer der bedeutendsten religiösen Stätten der griechischen Gesellschaft und beeinflusste über Jahrhunderte viele private und politische Entscheidungen. Manche Leute befragten auch mehrere Orakel. Im nordgriechischen Dodona ließ sich angeblich im raschelnden Laub einer Eiche die Stimme des Zeus vernehmen. Es gab auch Heiligtümer, denen Heilkräfte zugesprochen wurden. Pilger legten sich in ihrer Nähe schlafen und hofften, dass sie im Schlaf gesund würden. Mitunter ließen Kranke oder Verletzte, die sich von einem Gott geheilt glaubten, Tonabbilder der betroffenen Körperteile als Dankopfer für die Gottheit zurück.

Der gesamte Bezirk rings um ein Heiligtum stand unter göttlichem Schutz. Daher waren Verbannte oder Kriminelle, die hierher flohen, vor ihren Verfolgern sicher. Manche Stadtstaaten versteckten sogar ihren Staatsschatz im heili-

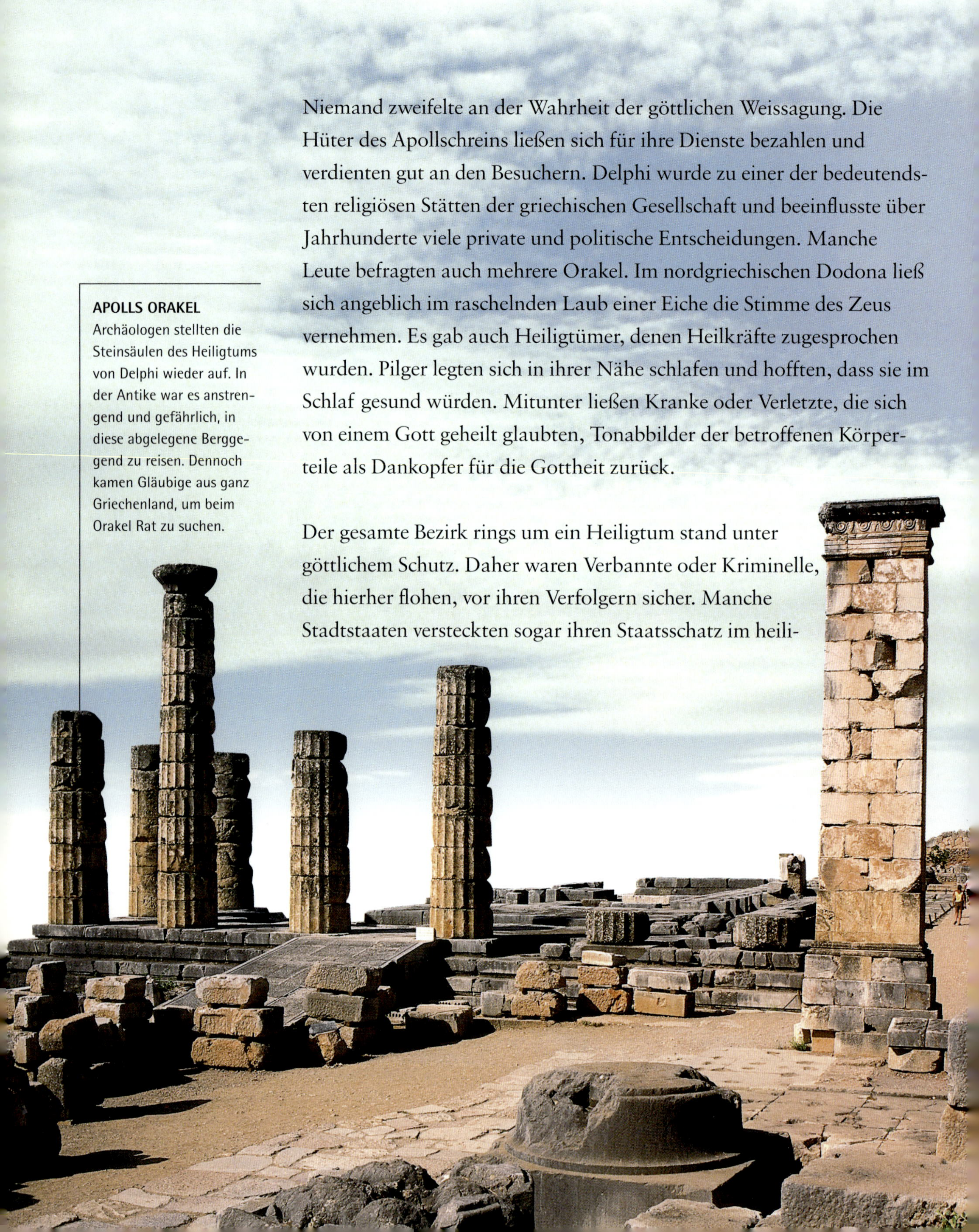

APOLLS ORAKEL
Archäologen stellten die Steinsäulen des Heiligtums von Delphi wieder auf. In der Antike war es anstrengend und gefährlich, in diese abgelegene Berggegend zu reisen. Dennoch kamen Gläubige aus ganz Griechenland, um beim Orakel Rat zu suchen.

SAGENHAFT REICH
Krösus, der letzte König Lydiens, war für seine kostbaren Schätze berühmt. Sein Name dient seither auch als Bezeichnung für sehr Reiche. Dieses Gemälde aus dem 17. Jh. zeigt den Herrscher in zeitgenössischem Kostüm.

gen Bezirk und hofften, niemand würde hier einen Raub wagen. Das Gold und Silber von Athen wurde z. B. in Delphi verwahrt.

Wer es sich nicht leisten konnte, den Göttern Tiere oder kostbare Gegenstände zu opfern, brachte ihnen kleine Dinge wie Tonfiguren, Broschen oder Vasen dar. Beliebt waren auch verzierte Gefäße aus Bronze, Gold oder Silber, die auf drei Füßchen standen. Diese »Dreifüße« wurden im 8. Jahrhundert nicht nur den Göttern geopfert, sondern auch Siegern sportlicher Wettkämpfe als Preis überreicht. In Olympia fanden Archäologen mehrere Dreifüße aus Bronze, die vielleicht einmal als Siegesprämien verliehen wurden.

DANKESGABE
Dieses Marmorrelief war das Dankopfer eines geheilten Pilgers an Äskulap, den Gott der Heilkunst.

Im 7. Jahrhundert v. Chr. wurden die Griechen durch ihren Handel sehr wohlhabend. Auf Schiffen exportierten sie Salben und Parfüm, Wein und Olivenöl, Tonwaren und Lederartikel aber auch Baustoffe, wie z. B. Marmor. Sie führten auch Waren nach Griechenland ein, darunter Weizen oder Metalle wie Kupfer und Eisen. Der Sklavenhandel blühte ebenfalls, da ein Großteil der griechischen Arbeitskräfte Sklaven waren.

Die meisten der mittlerweile großen und mächtigen Stadtstaaten wurden von einer Gruppe wohlhabender Adliger regiert. Diese Staatsform nennt man Oligarchie, »Herrschaft der Wenigen«. Häufig kam es zu Konflikten zwischen Herrschenden und einfachen Bürgern. So bewaffneten sich die Adligen der Stadt Mytilene auf Lesbos mit

FERNHANDEL
In diesem *krater* genannten Bronzepokal wurden Wasser und Wein vermischt. Durch den ausgedehnten Handel der Griechen gelangten derartige Gefäße sogar bis nach Zentralfrankreich.

Keulen, um damit auf alle Bürger einzuschlagen, die sie nicht mochten. In einigen Stadtstaaten regierten auch einzelne Herrscher, die so genannten Tyrannen. Beim Wort »Tyrann« denken wir heute meist an jemanden, der grausam und ungerecht ist, doch die Griechen verstanden darunter einfach einen Alleinherrscher. Oft kamen Adlige durch die Unterstützung ärmerer Bürger an die Macht. Einige waren Kriegshelden oder kluge Politiker, die den Bauern versprachen, die Ausbeutung durch reiche Landbesitzer zu beenden. Andere wollten Fehden schlichten, die oft eine ganze Stadt entzweiten. Viele Tyrannen regierten gut und verbesserten die Lebensbedingungen der Bürger, indem sie Reformen einführten oder Städte baulich erweiterten.

DELFINGEFÄSS
Wegen der vielen Olivenbäume Griechenlands war Olivenöl ein wichtiges Exportgut. Dieser springende Delfin schmückt einen Vorratsbehälter für Öl.

Im Allgemeinen hielten sich Tyrannen nicht besonders lange. Sie waren durch das Volk an die Macht gekommen, doch das Volk konnte sich auch gegen sie wenden. Einige regierten bis zu ihrem Tod, doch kaum einer Familie gelang es, zwei bis drei Generationen lang auf dem Thron zu bleiben. Mitunter folgten andere Adlige nach. Aber in manchen Städten vollzogen sich auch grundlegende Veränderungen, die zur Einrichtung einer Demokratie, einer Volksherrschaft, führten.

Die Entwicklung Griechenlands in den beiden folgenden Jahrhunderten lässt sich am besten am Beispiel der beiden so unterschiedlichen Stadtstaaten Athen und Sparta veranschaulichen. Es waren die wichtigsten Stadtstaaten Griechenlands und sie bekriegten sich gegenseitig so heftig, dass sie die Macht und den Einfluss Griechenlands empfindlich schwächten.

WEISER TYRANN
Pittakos von Mytilene war ein Philosoph, der 589 v. Chr. zum Tyrannen ernannt wurde, um seine Stadt vor einer Gruppe verbannter Adliger zu schützen. Nach zehn Jahren gab er sein Amt wieder ab.

KAPITEL VIER

Spartas *Macht*

Die Halbinsel Peloponnes bildet den südlichen Teil des griechischen Festlands. In ihrem Süden lag der Stadtstaat Sparta. Dort entwickelte sich eine kriegerische und grausame Gesellschaft, die für ihre Nachbarn eine ständige Bedrohung darstellte.

SPARTA LAG IN EINEM BREITEN, von Bergen eingefassten Flusstal. Die Abgelegenheit ihrer Stadt war für die Spartaner von Vorteil, denn die Gebirge umgaben sie wie Festungsmauern. Gegründet wurde Sparta im 10. Jahrhundert v. Chr. vom Volk der Dorier, das die ursprünglichen Bewohner der Region besiegt hatte.

Der Stadtstaat wurde aus fünf benachbarten Dörfern gebildet und behielt, so lange er bestand, seinen dörflichen Charakter bei. Doch das Gebiet, über das Sparta herrschte, war mit 7700 Quadratkilometern sehr groß. Die Spartaner hatten schlichte Häuser und keine bemerkenswerten öffentlichen Gebäude. Sie konzentrierten sich ausschließlich auf Kriege und Eroberungen. Alle Männer dienten in der Armee und sie widmeten ihr ganzes Leben der Kriegskunst.

SPARTAS MACHT
Nach einem 20-jährigen Krieg errang Sparta die Macht über Messenien. Durch diese Eroberung wurde Sparta zu einem der größten griechischen Stadtstaaten und besaß genügend Ackerland, um sich selbst zu ernähren.

Die Spartaner behaupteten, vom Helden Herakles abzustammen. Schon früh in ihrer Geschichte überfielen sie griechische Nachbarstämme und unterwarfen sie. Im 8. Jahrhundert v. Chr. eroberten sie das fruchtbare Umland namens Lakonien. Danach nahmen sie das westlich davon gelegene Messenien ein. Dieser Landgewinn machte Sparta zu einem der mächtigsten Stadtstaaten seiner Zeit. Die Spartaner unterdrückten die Bewohner der eroberten Gebiete und erklärten sie zu »Heloten«, zu Hörigen: Sie mussten ihnen gehorchen und für sie arbeiten.

Die meisten Messenier bewirtschafteten ihr eigenes Land, mussten aber die Hälfte der Ernte an ihre spartanischen Herren abgeben. Zum Zeichen ihres niederen Ranges trugen die Heloten Tierhäute und Mützen aus Hundefell. Jedes Jahr wurden sie öffentlich geschlagen. Wenn Heloten zu fliehen versuchten, nahmen Sklavenjäger die Verfolgung auf und töteten sie. Die Heloten blieben 300 Jahre lang Sklaven der Spartaner. Trotz mehrerer

OPFERGABEN
Diese Figuren der Göttin Artemis und eines Soldaten gehören zu zahlreichen Opfergaben, die im Heiligtum der Artemis am Fluss Eurotas bei Sparta gefunden wurden.

JUNGE SPARTANER
Dieses Gemälde aus dem 19. Jh. stammt von Edgar Degas. Es zeigt Jungen und Mädchen aus Sparta beim gemeinsamen Training. Sparta war die einzige griechische Stadt, in der Mädchen Sportunterricht erhielten.

Aufstände konnten sie die verhasste Fremdherrschaft nicht abschütteln. Bedenkt man die Tatsache, dass auf sieben Heloten nur ein Spartaner kam, erscheint das erstaunlich.

Neben den Heloten gab es auch Perioken, das heißt »Umwohnende«. Sie gehörten ebenfalls zu den von Sparta unterworfenen Völkern. Die meisten besiegten Lakonier wurden zu Perioken. Sie besaßen nicht die gleichen Rechte wie die Bürger Spartas, aber sie waren frei, durften Handel treiben und sich selbst regieren. Als Gegenleistung für ihre Freiheit mussten sie in Spartas Heer dienen. Als Bürger galten jedoch nur in Sparta geborene Männer.

Die ständige Gefahr eines Helotenaufstands ließ Sparta zu einem regelrechten Militärstaat werden. Ziel der Gesellschaft war es, Knaben großzuziehen, die später in der Lage sein würden, die Heloten zu beherrschen. Männliche Neugeborene wurden einem Ältestenrat

NATÜRLICHER SCHUTZ
Sparta lag inmitten eines fruchtbaren Flusstals, das von den umgebenden Bergen geschützt wurde. Die Landschaft hat sich bis heute kaum verändert, doch die Überreste des antiken Sparta liegen nun größtenteils unter der modernen Stadt begraben.

vorgestellt. Wenn ein Kind schwächlich wirkte oder missgestaltet war, wurde es auf einem Berg nahe der Stadt ausgesetzt und dort sich selbst überlassen. Im Alter von sieben Jahren wurden die Jungen aus ihren Familien geholt und vom Staat erzogen. Sie lebten in Holzbaracken in so genannten Rudeln. Das Leben in den Baracken war grausam und die Kinder wurden dazu erzogen, Schmerzen und Strafen zu ertragen. Einmal im Jahr führte man sie zum Heiligtum der Artemis am Ufer des Flusses Eurotas und peitschte sie dort aus, damit sie ihre Härte und Zähigkeit unter Beweis stellen konnten. Alle Jungen mussten barfuß gehen und sich das Haar kurz scheren lassen. Um ihre Selbstständigkeit zu fördern, gab man ihnen wenig zu essen und hielt sie zum Stehlen an. Wer dabei ertappt wurde, bekam Schläge – nicht wegen des Diebstahls, sondern weil man sich hatte erwischen lassen. Eine bekannte Geschichte berichtet von einem Jungen aus Sparta, der einen Fuchs stahl und ihn unter seinem Umhang versteckte. Der Fuchs biss ihn und der Junge ließ sich von ihm die Eingeweide herausreißen, ohne zu schreien, damit er nicht entdeckt würde. Er starb unter schrecklichen Qualen.

ESELSKELCH
Um jungen Spartanern die schädliche Wirkung von Alkohol vorzuführen, ließ man sie zuschauen, wie Heloten sich betranken. Dieser Eselskelch übermittelt dieselbe Botschaft auf humorvolle Art.

DELIKATESSE
Als Spezialität der Spartaner galt eine Suppe aus Blut, Essig und Salz, die wohl kein anderer Grieche gegessen hätte.

Mit 20 Jahren galten die jungen Männer als vollwertige Krieger. Auch sie lebten in Baracken und aßen und trainierten gemeinsam. Nahrung bekamen sie nur abends, den Essplatz mussten sie im Dunkeln und ohne Licht aufsuchen. Auf diese Weise sollten sie lernen, auch bei völliger Finsternis zurechtzukommen. Bevor ein junger Spartaner die Bürgerrechte erhielt, musste er eine Bewährungsprobe ablegen. Nur mit einem Dolch bewaffnet wurde er nachts aus der Stadt geschickt und sollte den erstbesten Heloten töten, dem er begegnete. Heiraten durften die Soldaten erst mit 30 Jahren und selbst dann war es ihnen

nicht gestattet, mit ihren Frauen und Kindern zusammenzuleben. Alle Soldaten Spartas erhielten vom Staat Land, das Heloten für sie bewirtschafteten. Daher konnten sie sich ganz der Armee widmen.

SOLDATENLEBEN
Die Fußsoldaten wurden Hopliten genannt, nach ihrem schweren Schild, dem *hoplon*. Sie rückten mit vorgehaltenen Schilden in dichten Reihen vor und stießen mit den Speeren zu.

Sparta war eine Militärgesellschaft in fortwährendem Kriegszustand. Sobald die Jungen Krieger wurden, mussten sie sich das Kopfhaar und den Bart lang wachsen lassen, damit sie möglichst Furcht erregend aussahen. Der griechische Historiker Herodot berichtet, dass spartanische Soldaten vor Schlachten stets ihr langes Haar zu kämmen pflegten.

Dank der harten Ausbildung verfügte Sparta über die beste Armee Griechenlands. Da alle Bürger bis zum Alter von 60 Jahren einberufen werden konnten, hielten sie sich stets körperlich gut in Form. Die spartanischen Soldaten waren wegen ihrer Tapferkeit und Disziplin berühmt. Sie fühlten sich ihrem Stadtstaat gegenüber verpflichtet.

Spartaner wurden zu erbarmungslosen Kriegern erzogen, die es gewohnt waren, Hunger und

SPARTANISCHE WÄHRUNG
Bis Ende des 5. Jh. v. Chr. besaßen die Spartaner kein Silbergeld. Bei manchen Gelegenheiten verwendeten sie als Währung stattdessen eiserne Bratspieße wie diese.

SPARTAS HÄNDLER
Diese Schale gehört zu den wenigen erhaltenen Töpferwaren aus Sparta. Sie entstand um 560 v. Chr. und zeigt eine Szene aus der griechischen Kolonie Kyrene in Nordafrika. Bis ins 6. Jh. v. Chr. handelten die Spartaner mit griechischen Siedlungen. Dann verringerten sich die Kontakte nach außen und der Handel kam zum Erliegen.

Schmerzen zu ertragen. Ihre Kleidung war rot, damit man keine Blutflecken möglicher Wunden sah. Ein spartanischer Dichter sagte einmal zu den jungen Soldaten, dass sie in der Schlacht nicht über den Sinn des Lebens nachdenken sollten. Der Schutz des Staates war wichtiger als das Wohlergehen des Einzelnen. Wer vor dem Feind floh, galt als feige, verlor seine Bürgerrechte und wurde von allen verachtet.

Da Spartas Armee so gut wie nie besiegt wurde, besaß die Stadt trotz zahlreicher Feinde keinen Schutzwall. Die spartanischen Anführer waren davon überzeugt, jedem Angriff standhalten zu können. Nur einen Aufstand der Heloten fürchteten sie wirklich. Die Spartaner glaubten jedoch, dass ihr entbehrungsreiches und hartes Leben es ihnen ermöglichen würde, jeden Helotenaufstand zu unterdrücken. Sie waren stolz auf ihre rohe Kraft, ihren Mut und ihre Entschlossenheit.

Die Frauen genossen in Sparta weitaus mehr Freiheit als in anderen griechischen Städten. Mädchen erhielten ab dem siebten Lebensjahr Unterricht. Ebenso wie ihre Brüder lebten sie von nun an in Baracken. Sie lernten lesen und schreiben, übten sich aber vor allem in Leichtathletik, Gymnastik und Kampfsportarten. Mit 18 Jahren mussten sie einen Fitnesstest bestehen, bevor sie verheiratet wurden und nach Hause zurückkehren durften. Die Spartaner sahen in den Mädchen die zukünftigen Mütter von Kriegern. Man hoffte, dass sie dank ihrer guten körperlichen Verfassung starke Söhne gebären würden, die zu guten Soldaten heranwüchsen.

BEREIT FÜR DIE SCHLACHT
Mit Umhang, Helm und langen Haaren bietet dieser Soldat aus Sparta einen Furcht erregenden Anblick.

In Sparta waren die Frauen unabhängiger als in anderen griechischen Stadtstaaten. Sie durften Land und Eigentum besitzen und mussten nicht zu Hause bleiben, denn Heloten kümmerten sich um den Haushalt.

UNABHÄNGIGE FRAUEN
Im kurzen Rock beteiligt sich dieses Mädchen aus Sparta an einem Wettlauf. Athener waren darüber entsetzt - sie ließen Frauen nie an Sportveranstaltungen teilnehmen.

EIN WEISER MANN
Chilon, ein *ephor* (Herrscher) Spartas im 6. Jh. v. Chr., genoss als einer der »Sieben Weisen Griechenlands« großes Ansehen. Er soll vor Freude gestorben sein, als er hörte, dass sein Sohn einen olympischen Siegerkranz gewonnen hatte.

Sehr zur Empörung anderer Griechen, die Frauen nicht in der Öffentlichkeit duldeten, konnten Spartanerinnen vor Männern singen und tanzen. Sie waren bekannt für ihren Mut und ihre unverblümten Reden. Manchmal konnten sie sogar grausamer als die Männer sein. Als ein junger Spartaner einmal als einziger Überlebender aus einer Schlacht heimkehrte, erschlug seine Mutter ihn mit einem Stein, weil sie sich schämte, dass er davongekommen war.

Sparta besaß eine ungewöhnliche Regierung: Zwei Könige herrschten gleichberechtigt über die Stadt. Ein Rat aus fünf Männern, Ephoren genannt, überwachte die Amtsausübung der Könige und sorgte dafür, dass sie ihrem Amtseid treu blieben. Die Könige wiederum waren Teil eines Rates von 30 Männern, der Ältestenrat hieß, weil die übrigen Mitglieder über 60 Jahre alt waren. Dieser Rat war auch der oberste Gerichtshof, denn er erließ Gesetze und stellte die Richter. Vorschläge des Ältestenrats wurden einer Gruppe spartanischer Krieger vorgelegt, die einmal im Monat bei Vollmond zusammentrat. Diese Versammlung stimmte für oder gegen einen Vorschlag ab, indem die Männer »ja« oder »nein« schrien. Diejenigen, die dabei am lautesten waren, setzten sich durch. Die Spartaner waren auf ihr Regierungssystem sehr stolz und behielten es hunderte von Jahren bei, ohne viel daran zu ändern. Insofern könnte man es durchaus als erfolgreich bezeichnen.

PFLICHTEN EINES KÖNIGS
Das Bildnis zeigt Archidamos III., König von Sparta im 4. Jh. v. Chr. Aristoteles bezeichnete die Könige Spartas als Generäle, weil ihre Hauptaufgabe darin bestand, Krieg zu erklären und die Armee in die Schlacht zu führen.

In der Mitte des 6. Jahrhunderts v. Chr. beherrschte Sparta einen Großteil des Peloponnes und war zur stärksten Militärmacht Griechenlands aufgestiegen. Doch ein stetiger Bevölkerungsrückgang führte letztlich zur Verkleinerung des Heeres. Die Ursachen dafür lagen teilweise in den hohen Verlusten im Krieg, teilweise aber auch in der Verteilung der Reichtümer: Während immer weniger Familien immer mehr Besitz beanspruchten, verarmten die übrigen Bürger Spartas. Sie konnten die Beiträge an die Armee nicht mehr aufbringen und verloren dadurch ihre Bürgerrechte. Schließlich schloss Sparta sich mit benachbarten Staaten zum Peloponnesischen Bund zusammen, um seine Kampfkraft zu erhalten. Die Mitgliedsstädte blieben unabhängig, sollten aber bei Bedarf unter Spartas Führung militärische Hilfe leisten. Gegen Ende des 6. Jahrhunderts war Sparta bereit, seinen erbittertsten Feind anzugreifen: den Stadtstaat Athen.

GEFALLENER KRIEGER
Für Spartaner war der Tod auf dem Schlachtfeld die edelste Art zu sterben. Schließlich aber brach ihr Stadtstaat zusammen, weil nicht mehr genügend Soldaten zur Verfügung standen.

KAPITEL FÜNF

Athen,
Wiege der Demokratie

Griechenlands größter und mächtigster Stadtstaat war Athen. Er galt als Zentrum griechischer Kultur und war berühmt für seine Kunst und sein Theater, für seine Geschichte und Philosophie. Im Herzen der Stadt erhob sich der Burgberg der Akropolis.

ATHEN LAG IN ATTIKA, einer dicht besiedelten Landschaft in Zentralgriechenland. Die Stadtbewohner lebten unterhalb der Akropolis (»Hochstadt«). Dies war ein Felsplateau mit einer Festung, in welche die Athener bei feindlichen Angriffen flüchteten. Später wurden auf der Akropolis viele Tempel gebaut und sie wurde zum heiligen Bezirk erklärt. Eine Gruppe reicher Adliger regierte Athen. Sie ernannten neun Beamte, so genannte Archonten, die die Stadt verwalteten. Im 7. Jahrhundert v. Chr. versuchten Tyrannen, die Macht an sich zu reißen. Um 632 v. Chr. bemühte sich ein Adliger namens Kylon um die Alleinherrschaft in Athen.

◄ **Relief einer Leierspielerin**

Kylon war ein gefeierter Sieger olympischer Wettbewerbe. Er wollte wie andere erfolgreiche Athleten in die Politik gehen. Doch das Volk von Athen lehnte ihn ab und sein Staatsstreich scheiterte. Aus Furcht um sein Leben floh Kylon zum Altar der Athene auf die Akropolis. Trotz gegenteiliger Versprechungen wurden er und seine Anhänger an der heiligen Stätte getötet.

Einige Jahre später setzten die Athener einen strengen Herrscher namens Drakon ein. Dieser erließ die ersten schriftlichen Gesetze der Stadt, die unter anderem Mord zum Verbrechen erklärten. So hart waren die von ihm verhängten Strafen, dass man seinen Gesetzen nachsagte, sie seien nicht mit Tinte, sondern mit Blut geschrieben. Auch heute noch bezeichnen wir eine besonders strenge Bestrafung als »drakonisch«.

594 v. Chr. wurde ein Adliger namens Solon zum *archon* gewählt. Er regierte weise und gerecht, bemühte sich um Verbesserungen und bereitete den Weg für die Volksherrschaft. Vor allem setzte er sich für soziale Gerechtigkeit und Ordnung ein.

GESETZGEBER SOLON
Solon galt als Vater der Athener Demokratie. Er war nicht nur Staatsmann, sondern auch Dichter. »Viele reiche Menschen sind böse«, schrieb er in einem seiner Gedichte, »und viele gute Menschen sind arm.«

Er verteilte Lebensmittel an Bedürftige und erließ verarmten Bauern ihre Schulden. Nicht mehr die adlige Herkunft, sondern der Besitz war von nun an ausschlaggebend für die Übernahme eines öffentlichen Amtes. Solon schaffte die Knechtschaft ab, mit der bisher hohe Verschuldung bestraft worden war. Er begründete ein neues Rechtssystem, das alle angeklagten Bürger berechtigte, sich an einen Gerichtshof zu wenden.

SCHULDIG ODER NICHT?
Unter Solon wurden Bürger zu Richtern ernannt und fällten im Gerichtshof das Urteil. Damals stimmte man mit Kieselsteinen oder Handzeichen ab, später wurden Plättchen verwendet.

Nachdem er seine Reformen eingeführt hatte, verließ Solon die Stadt für zehn Jahre. Er wollte angeblich keine weiteren Verbesserungsvorschläge für seine Verfassung hören. Er klagte, er habe es allen recht machen wollen und nun sei keiner zufrieden. Dennoch galt er als einer der ersten Befreier Athens und als geistiger Vater einer außergewöhnlich demokratischen Gesellschaft. Die von ihm erlassenen Gesetze waren so hoch geachtet, dass man sie auf Holzsäulen am Athener Marktplatz ausstellte. Mehr als jeder andere trug er dazu bei, dass die Schicht der Kleinbauern und Landbesitzer an Bedeutung gewann. Diese sollten in den folgenden Jahrhunderten in der Athener Gesellschaft eine ausschlaggebende Rolle spielen.

OLIVENBÄUME
Ein Gesetz Solons schrieb sogar vor, dass Olivenbäume nicht höher als 3 m werden durften.

Im 6. Jahrhundert v. Chr. aber bedrohten Streitigkeiten

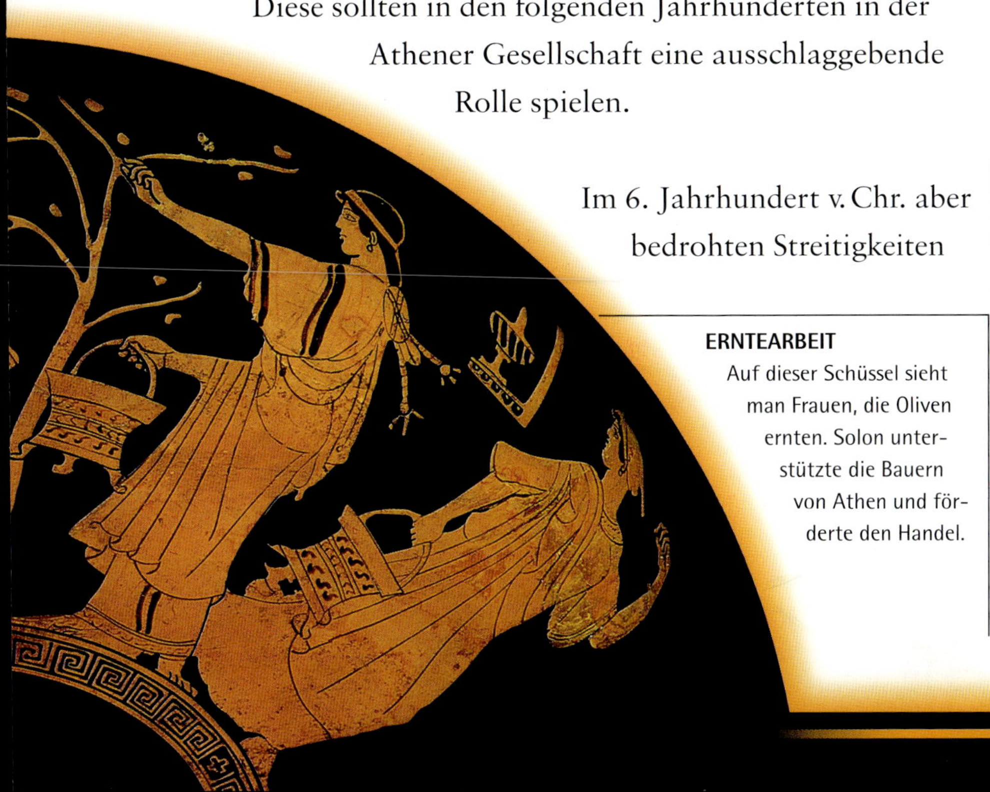

ERNTEARBEIT
Auf dieser Schüssel sieht man Frauen, die Oliven ernten. Solon unterstützte die Bauern von Athen und förderte den Handel.

KRIEGERISCHE ATHENE
Fast alle Standbilder Athenes stellen sie als Kriegerin mit Helm, Schild und Speer dar. Aber sie war auch die Göttin der Weisheit und Wissenschaft.

zwischen adligen Familien die junge Demokratie Athens. Peisistratos, ein entfernter Verwandter Solons, versuchte mehrere Male die Herrschaft über die Stadt zu erringen. Dies gelang ihm schließlich mithilfe einer einfachen List: Er ließ eine schöne junge Frau eine Rüstung anziehen, sodass sie der Schutzgöttin Athene ähnlich sah. Nun fuhr er mit ihr zusammen auf einem Triumphwagen nach Athen, begleitet von Boten, die verkündeten: »Athene bringt Peisistratos in die Stadt.«

Wie andere Alleinherrscher regierte Peisistratos weise und gerecht. Er förderte den Fernhandel und den Anbau von Olivenbäumen. Außerdem führte er in Athen die ersten Silbermünzen ein. Diesen war eine Eule aufgeprägt, das Symbol der Göttin Athene. Münzgeld wurde in Griechenland ab der Mitte des 6. Jahrhundert v. Chr. benutzt. Vorher betrieb man Tauschhandel: Wenn man eine Ware haben wollte, musste man eine andere dafür zum Tausch anbieten. Die Prägebilder auf den Geldstücken zeigten, aus welcher Stadt die Münzen stammten. Sie gaben

SCHWARZFIGURIGER STIL
Athen war berühmt für seine so genannte schwarzfigurige Keramik. Diese kunstvoll bemalten Vasen stellen griechische Alltagsszenen dar. Auf dem linken Gefäß sehen wir die Helden Ajax und Achill bei einer Partie Schach.

MÜNZGELD
Erfunden wurden Metallmünzen im kleinasiatischen Lydien, wo auch dieser Schatz herstammt. Die Griechen übernahmen die Neuerung, die den Handel wesentlich erleichterte.

auch Hinweise auf den Wohlstand der entsprechenden Region. Die ersten Geldstücke bestanden aus einer Metallmischung aus Silber und Gold. Doch bald prägte man nur noch Silbermünzen. Athen hatte das Glück, in Laurion, im Süden Attikas, eigene Silberbergwerke zu besitzen.

Peisistratos ließ in Athen zahlreiche öffentliche Bauten errichten. Auf diese Weise schuf er Arbeitsplätze und stellte sicher, dass auch nachfolgende Generationen sich an ihn erinnern würden. Eines seiner wichtigsten Gebäude war der neue Athenetempel auf der Akropolis. Kalksteinskulpturen sowie ein bemalter Reliefstreifen, ein so genannter Fries, schmückten das beeindruckende Bauwerk.

Den Griechen kam es in Malerei, Bildhauerei und Architektur vor allem auf Ordnung, Symmetrie, Ausgewogenheit und das richtige Verhältnis an. Kunstwerke sollten eine ruhige

Verzierte Töpferware

Griechische Tongefäße waren je nach Verwendungszweck unterschiedlich geformt. Die schönsten Gefäße kamen aus Athen, wo der Ton beim Brennen eine hübsche rotbraune Farbe annahm. In der Regierungszeit des Peisistratos entwickelte man den schwarzfigurigen Stil, indem man die rötlichen Gefäße mit schwarzen Gestalten bemalte. Um 500 v. Chr. kam die rotfigurige Keramik auf, bei der der Hintergrund schwarz bemalt wurde, während man die roten Figuren aussparte.

Kanne zum Ausschank von Wein

Oinochoe

Großer Pokal zum Mischen von Wein und Wasser

Krater

Gefäß für Duftöle und Salben

Lekythos

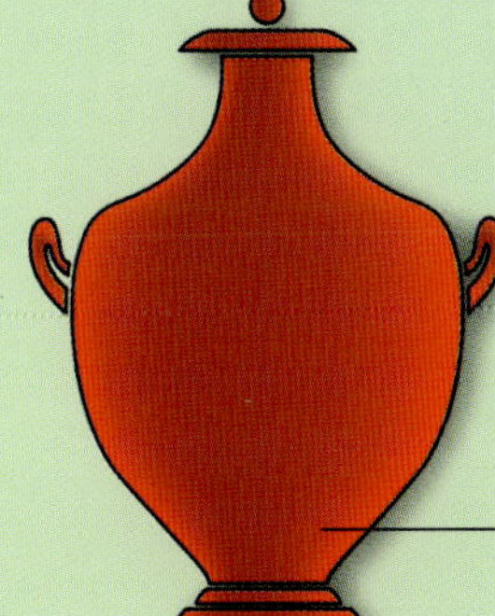

Zweihenkliger Krug zur Lagerung von Wein oder anderen Flüssigkeiten

Hydria

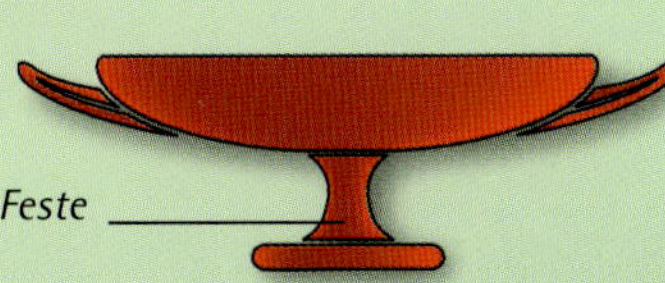

Trinkschale für Feste

Kylix

WAHRZEICHEN ATHENS
Auf der Rückseite einer Athener Münze sah man die ersten Buchstaben des Stadtnamens sowie eine Eule und einen Olivenzweig. Die Eule war der Göttin Athene heilig.

Würde ausstrahlen. Das Hauptmerkmal der frühen griechischen Malerei und Bildhauerei war eine strenge Regelmäßigkeit. Spätere Darstellungen wirken realistischer und natürlicher. Die Griechen interessierten sich sehr für die menschliche Gestalt. Künstler bemühten sich erstmals, den Ausdruck von Gefühlen einzufangen. Die schönsten Bildhauerarbeiten dieser Epoche entstanden aus Marmor oder Bronze. In heutigen Museen sind griechische Marmorstatuen immer weiß, doch damals waren sie mit leuchtenden Farben bemalt.

In der Regierungszeit von Peisistratos blühte Athen regelrecht auf. Der Herrscher ließ nicht nur viele öffentliche Gebäude errichten, sondern veranstaltete auch aufwändige Feierlichkeiten, sodass Athen bald als prächtigste Stadt Griechenlands galt. In der Nähe der Akropolis legte er die *agora* an, einen öffentlichen Platz, der zum gesellschaftlichen Mittelpunkt der Stadt wurde. Athen verdankte ihm auch ein *gymnasion*, wo sich die Männer sportlich betätigen konnten. Peisistratos begründete außerdem einen Theaterwettbewerb, der am Jahresfest für den Gott Dionysos stattfand. Dieses Ereignis war von großer Tragweite

HOCHSTADT
Für die Athener war die hoch gelegene Akropolis ein heiliger Ort. Sie errichteten dort prächtige Marmortempel, die noch heute die moderne Hauptstadt überragen.

MARKTPLATZ
So könnte der Marktplatz von Athen ausgesehen haben. Das Gebäude mit den vielen Säulen links ist die *stoa*, wo sich die Athener täglich trafen, um sich zu unterhalten und Geschäfte abzuschließen. Weitere wichtige Gebäude sind die Münzstätte, der Gerichtshof und die Ratskammer (*bouleuterion*).

für die spätere europäische Literatur, denn hier entstanden die ersten griechischen Theaterstücke.

Nach dem Tod von Peisistratos 527 v. Chr. übernahmen seine beiden Söhne Hippias und Hipparch die Herrschaft und regierten Athen 17 Jahre lang. Sie setzten das Bauprogramm ihres Vaters fort, bis Athen sich in eine prunkvolle Marmorstadt verwandelt hatte. Beide förderten auch die Künste: Hipparch veranlasste z. B., dass an Stadtfesten die Dichtungen Homers öffentlich vorgelesen wurden. Doch viele adlige Familien waren den beiden Brüdern feindlich gesinnt und 514 v. Chr. wurde Hipparch ermordet. Um auch Hippias zu beseitigen, bestach eine Adelsfamilie die Orakelpriesterin in Delphi, damit sie die Spartaner nach Athen schickte. Als die Spartaner das Orakel nach ihrer Zukunft befragten, sagte sie ihnen, sie sollten zuerst Athen von seinem

PFERDEKOPF
Nach und nach wurden griechische Skulpturen immer realistischer. Oft zeigten sie einen bestimmten Gefühlsausdruck. Dieses Marmorrelief eines Pferdekopfs gehört zu einem Giebeldreieck im Athenetempel auf der Akropolis.

Tyrannen befreien. So zog Spartas Heer 510 v. Chr. aus und umzingelte die Akropolis, auf der Hippias Zuflucht gesucht hatte. Er ergab sich und verließ die Stadt für immer.

Die Streitigkeiten zwischen den Adelsfamilien endeten, als der Reformer Kleisthenes 508 v. Chr. an die Macht kam. Er beschloss, dass es an der Zeit sei, im Stadtstaat politische Gleichheit einzuführen. Also unterteilte er Attika in zehn neue Gemeinden. Jede Gemeinde wählte 50 Vertreter für den »Rat der Fünfhundert«. Dadurch gewannen die einfachen Leute an politischem Einfluss. Die Männer jeder Gemeinde bildeten außerdem eigene Abteilungen in der Athener Armee und kämpften unter selbst gewählten Befehlshabern.

DIONYSOS
Peisistratos widmete seinen Theaterwettbewerb Dionysos, dem Gott des Weins und der Fruchtbarkeit. Bilder zeigen den Gott oft mit Weinlaub im Haar auf einem Leoparden oder Tiger reitend.

Unter Kleisthenes begannen die Bewohner Attikas sich durch ihre Herkunft aus einem bestimmten Bezirk auszuweisen. Das trug dazu bei, die Macht einzelner Großfamilien zu beenden, und gab den Bürgern ein neues Gefühl der Zusammengehörigkeit. Auch die Athener Volksversammlung erhielt mehr

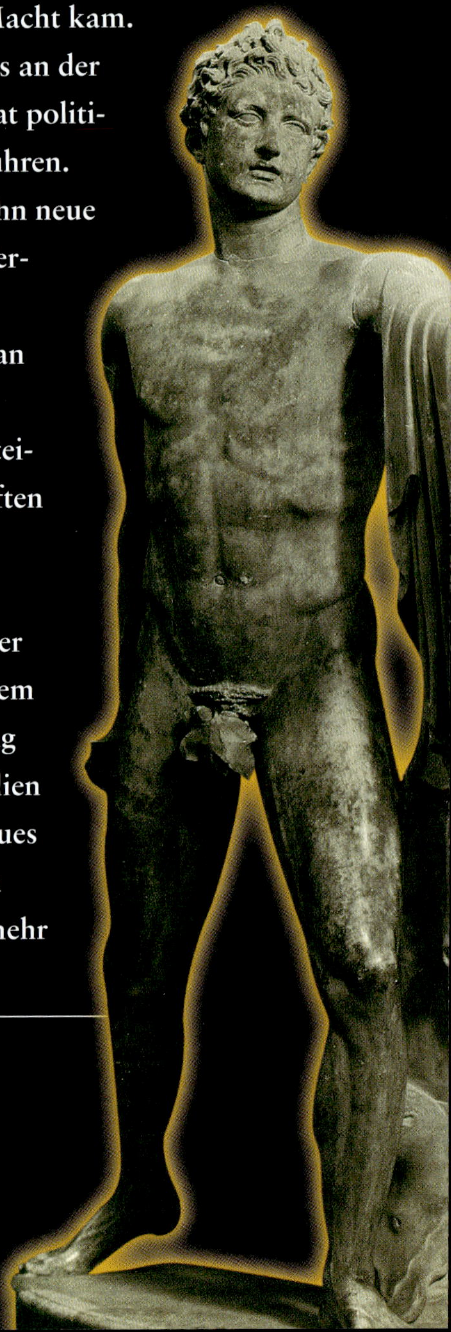

HARMODIOS UND ARISTOGEITON
Dies sind Standbilder von Harmodios und Aristogeiton, den Mördern des Tyrannen Hipparch. Sie wurden später als Helden verehrt.

Vollmachten. Alle Bürger wurden aufgefordert sich an politischen Entscheidungen zu beteiligen. Dies war ein wichtiger Schritt in Richtung Demokratie.

Außerdem führte Kleisthenes ein neues Verfahren ein, um unbeliebte Politiker auszuschalten. Einmal im Jahr schrieben Bürger den Namen einer Person, die ihrer Ansicht nach verbannt werden sollte, auf eine Tonscherbe. Wenn bei diesem »Scherbengericht« 6000 Stimmen abgegeben wurden, musste derjenige, dessen Name auf den meisten Scherben stand, die Stadt innerhalb von zehn Tagen verlassen. Erst nach zehn Jahren durfte der Verbannte zurückkehren, galt dann aber wieder als vollwertiger Athener Bürger. Man nennt dieses Verfahren auch Ostrazismus, nach dem griechischen Wort *ostrakon* (Tonscherbe).

Die von Kleisthenes entwickelte Staatsform war erfolgreich und wurde rund 200 Jahre lang beibehalten. Insgesamt schienen die Athener eine besondere Begabung für die Politik zu haben. Besonders der endgültige Sieg der Demokratie im 5. Jahrhundert v. Chr. machte dies deutlich. Mit diesem für die Menschheitsgeschichte wichtigen Ereignis begann für Athen ein goldenes Zeitalter.

THEMISTOKLES
Diese Münze zeigt Themistokles, einen führenden Politiker Athens. 471 v. Chr. vertrieb ihn das Scherbengericht aus der Stadt.

ARISTIDES
Selbst ehrliche Politiker konnten vom Scherbengericht verbannt werden. Angeblich stimmte ein Bürger dafür, Aristides zu verjagen, weil er sich ärgerte, dass dieser »Aristides, der Gerechte« hieß.

KAPITEL SECHS

Die Perserkriege

Im 5. Jahrhundert v. Chr. kam es zum Krieg zwischen Griechenland und Persien. Das mächtige persische Königreich lag in Westasien. Es erstreckte sich von Ägypten bis an die Grenze Indiens.

Die Perser stammten aus einem kleinen Reich im heutigen Iran. 547 v. Chr. nahm die persische Armee unter Führung von Kyros dem Großen das Reich Lydien in Kleinasien und die griechischen Küstenstädte von Ionien ein. 499 v. Chr. erhoben sich die ionischen Städte gegen die persischen Eroberer, vertrieben die eingesetzten Fremdherrscher und baten die Stadtstaaten auf dem griechischen Festland um Hilfe. Athen und Eretria, eine Stadt auf Euböa, schickten Schiffe und Soldaten. Doch die Griechen waren nicht geeint und den Persern fiel es leicht, sie zu schlagen.

Dareios I., König von Persien, beschloss 490 v. Chr. die Städte zu bestrafen, die den Aufständischen geholfen hatten. Es sah nach einem ungleichen Kampf aus,

◀ Persische Soldaten auf einer Palastwand in Susa (Persien)

SCHLACHTPLAN
Diese Vasenmalerei aus dem 4. Jh. v. Chr. zeigt König Dareios von Persien bei der Planung seines Feldzugs gegen Griechenland. Dareios versuchte zweimal erfolglos Griechenland zu erobern.

denn die Perser hatten bereits die großen Reiche Ägypten und Babylonien erobert. Doch die Griechen waren fest entschlossen ihre Freiheit und Unabhängigkeit zu verteidigen. Die griechischen Städte wurden von den Spartanern angeführt, die zuvor ein Verteidigungsbündnis südlicher Stadtstaaten gegründet hatten, den Peloponnesischen Bund. Die Spartaner hatten als Erste begriffen, dass Persien eine große Gefahr für ganz Griechenland darstellte. Sie überredeten Athen und andere Städte, die noch nicht ihrem Bund angehörten, gemeinsam mit ihnen gegen die Perser zu kämpfen.

490 v. Chr. griffen die Perser an und fielen mit einem gewaltigen Heer aus Fußsoldaten und Reitern in Griechenland ein. Ihre Armee war den griechischen Streitkräften zahlenmäßig weit überlegen. Auf ihren Schiffen hatten sie die Ägäis überquert und gingen nun nordöstlich von Athen bei Marathon an Land. Sobald die Athener davon erfuhren, schickten sie einen Boten namens Pheidippides in das 233 km entfernte Sparta. Doch die Spartaner feierten gerade ein religiöses

Fest und wollten ihre Armee erst danach in die Schlacht schicken. Pheidippides lief zurück, um den Athenern die Antwort zu übermitteln. Die athenischen Feldherrn beschlossen die Perser trotz deren Übermacht anzugreifen.

SCHÄTZE DES ORIENTS
Diese persische Bronzeschale ist mit Silber verziert. Dareios finanzierte seine Angriffe auf die Griechen mit den Schätzen seines großen Reiches.

Die Perser hatten den Kampfgeist der Griechen offenbar unterschätzt. Als die beiden Armeen auf der Ebene von Marathon aufeinander trafen, errangen die schwer bewaffneten Athener Hopliten einen entscheidenden Sieg über die Perser. Später ging die Sage, dass man bei Marathon immer noch geisterhafte Kampfgeräusche und das Gewieher der Schlachtrosse hören könne. Um die Athener Siegesmeldung zu überbringen, rannte der Bote Pheidippides die über 40 km lange Strecke von Marathon in die Stadt zurück, wo er aus Erschöpfung verstarb. Dieser Lauf ging als erster Marathonlauf in die Geschichte ein.

In der Schlacht von Marathon sollen 6000 Perser, aber nur 142 Athener ums Leben gekommen sein. Die Perser zogen sich zurück,

TODFEINDE
Mit Dareios' Feldzug begann die tödliche Feindschaft zwischen Griechen und Persern. Das Relief aus dem Tempel der Athena Nike in Athen erinnert an den Sieg der Griechen über die Perser.

doch Dareios, der über die unerwartete Niederlage erbost war, beschloss nach Griechenland zurückzukehren und die Stadtstaaten zu vernichten.

Der unverhoffte Sieg hinterließ bei den Griechen einen tiefen Eindruck. Sie verstanden den Konflikt zwischen sich und den Persern als Kampf zwischen Freiheitsliebe und Tyrannenherrschaft. Natürlich war es nicht ganz so einfach. Die Perser hatten ein anderes Regierungssystem und eine andere Lebensweise, doch ihre Kultur war hoch entwickelt. Die persischen Könige regierten ihr Reich sehr erfolgreich mithilfe von Statthaltern, den so genannten Satrapen. Die persische Hauptstadt Persepolis war berühmt für ihre Prachtbauten. Angeblich war das persische Straßennetz so gut ausgebaut, dass Boten nur sieben Tage benötigten, um von Susa in der Mitte des Reiches bis ins 2575 km entfernte Sardis in Kleinasien zu gelangen.

Die Athener waren auf ihren Sieg bei Marathon unheimlich stolz und begannen auf andere griechische Stadtstaaten herabzublicken. Ihre Armee hatte es schließlich mit der persischen Übermacht aufnehmen können und sie besiegt. 8 km von der Stadt entfernt befand sich der Hafen Piräus, wo schon seit vielen Jahren die athenische Flotte vor Anker lag. Nach Marathon beschlossen die Athener, ihre Seemacht auszubauen. Dazu ließen sie schmale, rudergetriebene Kriegsschiffe, so

UNSTERBLICHER KRIEGER
Diese Figur aus bunt glasierten Ziegeln stellt einen Leibwächter des persischen Königs dar. Man nannte diese Krieger auch die Unsterblichen, weil jeder Tote sofort durch einen neuen Rekruten ersetzt wurde, sodass die Garde stets aus 10000 Männern bestand.

DER GRABHÜGEL VON MARATHON
Die bei Marathon gefallenen Soldaten Athens wurden verbrannt. Ihre Asche setzte man in einem großen Grabhügel bei. Jedes Jahr fand hier eine Feier zu Ehren der Toten statt.

genannte Trieren, herstellen, die sie mit Silber aus den Minen von Laurion bezahlten. Während an Land immer noch Sparta die stärksten Truppen besaß, beherrschte die Flotte Athens jetzt die Meere.

ZU EHREN DES KÖNIGS
Die Perserkönige Dareios und Xerxes ließen als Symbol ihrer Macht den prächtigen Palast von Persepolis erbauen. In der Empfangshalle hatten 10000 Menschen Platz. Den Eingang säumte dieses Relief, auf dem Männer aus dem ganzen Reich dem König Geschenke bringen.

GRIECHISCHE TRIERE
Dies ist eine nachgebaute Triere. Diese schnellen Kriegsschiffe fassten bis zu 170 Ruderer, die zu beiden Seiten auf drei Ebenen übereinander saßen.

Zehn Jahre nach der Schlacht von Marathon mussten die Griechen den Persern ein zweites Mal entgegentreten. Dareios war verstorben und sein Sohn Xerxes führte nun den Vergeltungsschlag an. Vier Jahre lang plante Xerxes den Feldzug. Anstatt mit Schiffen überzusetzen, wollte er seine Armee auf dem Landweg einmarschieren lassen: von Kleinasien durch Thrakien an der ägäischen Nordküste bis nach Nordgriechenland. Seine Flotte sollte das Ufer entlangsegeln und mit dem vorrückenden Heer in Kontakt bleiben. Die Schiffe hätten auf dem Weg eine nordgriechische Halbinsel umsteuern müssen, bei der eine persische Flotte einige Jahre zuvor untergegangen war. Um diese Gefahr zu bannen, ließ Xerxes für seine Schiffe einen 2,5 km langen Kanal durch die Halbinsel graben.

Die Landarmee von Xerxes war 200000 bis 250000 Mann stark und seine Flotte bestand aus 1000 Kriegschiffen. Angeblich tranken seine Soldaten auf ihrem langen Marsch ganze Flüsse leer. Damit sie die Meerenge Hellespont (Dardanellen) zwischen Kleinasien und Europa überqueren konnten, ließ Xerxes Boote so aneinander binden, dass sie zwei Brücken bildeten. Ein Sturm zerstörte diese und Xerxes ordnete an, dass das Meer an der Stelle 300 Peitschenschläge erhalten solle. Dazu mussten seine Soldaten die Worte sprechen: »Du salziger, bitterer Strom, dein Herr lässt dich auf diese Weise für das Unrecht bestrafen, das du ihm zufügtest, obgleich er dir nie Unrecht tat. Doch König Xerxes wird dich überqueren, ob du willst oder nicht.« Wieder wurden Brücken gebaut und dieses Mal gelangte die große Armee an das andere Ufer.

KÖNIG XERXES

Auf diesem Bild sieht man König Xerxes und seine Armee vor der Überquerung des Hellespont. Xerxes gewann auf seinem Marsch durch Griechenland viele Verbündete unter den kleineren Stadtstaaten, denn diese ärgerten sich über die wachsende Macht Athens. Nach seinem Rückzug aus Griechenland wurde Xerxes vom Hauptmann seiner Leibgarde ermordet.

Im September 480 v. Chr. trafen Griechen und Perser an den Thermopylen, einem Engpass in Zentralgriechenland, aufeinander. Ein Sieg der Perser würde diesen den Weg nach Attika und zum Peloponnes eröffnen. Die Athener Flotte lauerte vor der Küste, während Spartas König Leonidas mit 9000 griechischen Soldaten bereitstand, um den Pass zu verteidigen. Die Griechen hielten die persische Armee einige Tage lang erfolgreich auf. Doch dann entdeckten die Perser einen Pfad, auf dem sie die griechische Stellung umgehen konnten.

Sobald er sah, wie aussichtslos seine Lage war, schickte Leonidas die meisten griechischen Soldaten fort und hielt mit seinen 300 Spartanern die Stellung. Als sie vom Feind umzingelt waren, kämpften sie bis zum letzten Mann. Später wurde zu Ehren dieser tapferen Krieger ein Denkmal mit der Inschrift errichtet: »Wanderer, kommst du nach Sparta, so melde, du habest uns hier liegen sehen, wie das Gesetz es befahl.« Hier hatten die Spartaner ihre sprichwörtliche Disziplin sogar angesichts des sicheren

STANDHAFTER LEONIDAS
Dieses Denkmal an den Thermopylen ist König Leonidas von Sparta gewidmet. Laut einem Orakelspruch sollte entweder Sparta zerstört oder einer seiner Könige getötet werden. Leonidas starb im Kampf um die Rettung der Stadt.

Mit dem Rammsporn versuchte man feindliche Schiffe zu versenken.

Griechische Kriegsschiffe

Athen überwachte seine Gewässer mit »Dreiruderern«, so genannten Trieren. Diese Schiffe aus Holz wurden von bis zu 170 Ruderern angetrieben, die im Schiffsrumpf auf drei Ebenen übereinander saßen. Die Trieren besaßen zwar auch Segel, doch in der Schlacht bevorzugte man Ruder, weil das Schiff damit beweglicher war. Vor der Schlacht wurden die Segel eingeholt und der Mast an Deck verstaut. An jedem Bug war ein langer Rammsporn aus Holz und Bronze eingelassen. Damit versuchten die Trieren feindliche Schiffe zu rammen, um sie zu versenken. Von Deck aus beschossen Soldaten die Feinde mit Pfeilen. Ins Wasser gefallene Feinde, die nicht sofort ertranken, wurden mit Speeren erstochen.

Todes unter Beweis gestellt. Xerxes hatte hautnah miterlebt, wie entschlossen die Griechen ihre Freiheit verteidigten.

Nach ihrem Sieg über die Spartaner rückte das gewaltige persische Heer nach Süden vor. Viele Stadtstaaten ergaben sich, aber die Athener vertrauten auf die Stärke ihrer Flotte und wollten weiterkämpfen. Alle Bürger räumten mit ihren Familien und Sklaven die Stadt und flohen auf eine nahe gelegene Insel – eine kluge Entscheidung, wie sich später herausstellen sollte.

Als die persische Armee Athen erreichte, fand sie es verlassen vor. Die Eindringlinge zerstörten alle öffentlichen Gebäude auf der Akropolis und verbrannten Tempel und Schreine. Mittlerweile hatte sich die Athener Flotte in eine Bucht zurückgezogen. Die persischen Schiffe folgten ihr, um jede Flucht zu verhindern. Xerxes ließ sich am Strand einen Thron errichten, um von dort aus die Seeschlacht zu beobachten. Doch was er zu sehen bekam, entsetzte ihn. In der Meerenge von Salamis wurden die schwerfälligen persischen Schiffe von Athens Flotte

TEMPEL IN FLAMMEN
Als die Perser 480 v. Chr. in Athen eindrangen, zerstörten sie viele Tempel, darunter auch jene auf der Akropolis. 450 v. Chr. ließ der Athener Staatsmann Perikles an der alten Stätte einen neuen Tempel errichten, den Parthenon.

eingekesselt. Die Athener Trieren rammten die feindlichen Schiffe und versenkten sie. Gedemütigt verließ Xerxes den Schauplatz seiner Niederlage. Die Athener feierten ihren unglaublichen Sieg noch lange in Liedern, Erzählungen und Theaterstücken.

Xerxes wollte nicht ohne gute Versorgung weiterkämpfen und zog sich mit seinem Heer durch Thrakien, über den Hellespont und durch Kleinasien nach Persien zurück. Allerdings blieben ungefähr 120000 seiner Soldaten in Nordgriechenland. Da die Perser wussten, dass die Stadtstaaten sich oft bekriegten, versuchten sie einen Keil zwischen Athen und Sparta zu treiben. Sie schickten einen Botschafter nach Athen, der vorschlug beim Wiederaufbau der Stadt zu helfen und sie zum mächtigsten Stadtstaat Griechenlands zu machen. Die Athener antworteten: »Solange die Sonne ihrem gewohnten Lauf folgt, werden wir mit Xerxes nicht verhandeln.«

SPARTAS KRIEGER
Diese Vasenmalerei zeigt den verbissenen Kampf zwischen einem Hopliten aus Sparta und einem persischen Fußsoldaten. Die Griechen bewunderten den Kampfgeist der Spartaner. Das Bündnis der Stadtstaaten hielt allerdings nicht lange. Sobald die Perser besiegt waren, kam es zu Konflikten zwischen Athen und Sparta.

ZU EHREN DER TOTEN
Griechische Soldaten, die für ihr Land starben, wurden mit allen Ehren bestattet. Diese Vasenmalerei zeigt einen toten Soldaten, der mit Waffen und Rüstung auf seinem Grab sitzt. In der griechischen Kunst war Nacktheit ein Symbol für Mut. In Wirklichkeit trugen die Soldaten unter der Rüstung eine Tunika.

Im Sommer des Jahres 479 v. Chr. traf die griechische Armee unter dem Befehl des spartanischen Generals Pausanias bei Platäa ein weiteres Mal auf die Perser. Es kam zu einer offenen Feldschlacht. Die Hopliten aus Sparta griffen in dichten Reihen an und töteten den persischen Feldherrn. Gleichzeitig zerstörten Griechen die persische Flotte, die an der Küste Kleinasiens bei Mykale vor Anker lag. Dies war das Ende der persischen Angriffe.

Zwar hatten die Athener an diesem letzten Sieg wenig Anteil, doch stellten sie ihn trotzdem als Sieg aller Griechen gegen die Barbaren dar. Sie behaupteten, Xerxes sei deshalb gescheitert, weil er die Tempel auf der Akropolis zerstört und damit die Götter erzürnt habe. In der griechischen Geschichte jener Zeit waren Wahrheit und Sagen untrennbar miteinander verwoben. Aber zweifellos waren die Siege bei Salamis und Platäa bedeutende Erfolge für die Griechen. Die Perser versuchten danach nie wieder, in Europa einzufallen.

Der Geschichtsschreiber Herodot

Als »Vater der Geschichte« gilt Herodot (um 484 – 425 v. Chr.), der aus Halikarnassos in Ionien stammte. Man nannte ihn so, weil er zum ersten Mal geschichtliche Ereignisse miteinander in Verbindung brachte und schriftlich festhielt. Sein Bericht über die Perserkriege ist besonders bekannt. Auf seinen Reisen durch den Mittelmeerraum sammelte er geografische Angaben und interessante Einzelheiten über die vielen Völker, die in die Perserkriege verwickelt waren.

KAPITEL SIEBEN

Das *Goldene* Zeitalter

Als sich die Perser 479 v. Chr. geschlagen zurückzogen, lag Athen in Trümmern. In den folgenden 50 Jahren aber bauten die Athener ihre Stadt wieder auf. Das herrlichste der neuen Marmorgebäude war der Parthenon-Tempel auf der Akropolis.

DER ENDGÜLTIGE SIEG ÜBER DIE PERSER stärkte das Selbstbewusstsein der Athener, die über die größte und erfolgreichste Kriegsflotte der Antike verfügten. Da sie weitere Übergriffe der Perser befürchteten, schlossen die Athener mit anderen Stadtstaaten auf der ägäischen Insel Delos ein Bündnis, den so genannten Attischen Seebund. Allerdings erkannten die Athener die übrigen Bundesgenossen nie als gleichberechtigt an. Sie forderten sie auf große Geldsummen in eine gemeinsame Kasse einzuzahlen, die im Apollheiligtum auf Delos aufbewahrt wurde. Außerdem verboten sie den Mitgliedern aus dem Bund auszutreten. 454 v. Chr. brachten die Athener die Bundeskasse auf die Akropolis, weil sie dort angeblich sicherer war. Der Attische Seebund vergrößerte Athens Vormachtstellung und für die Stadt

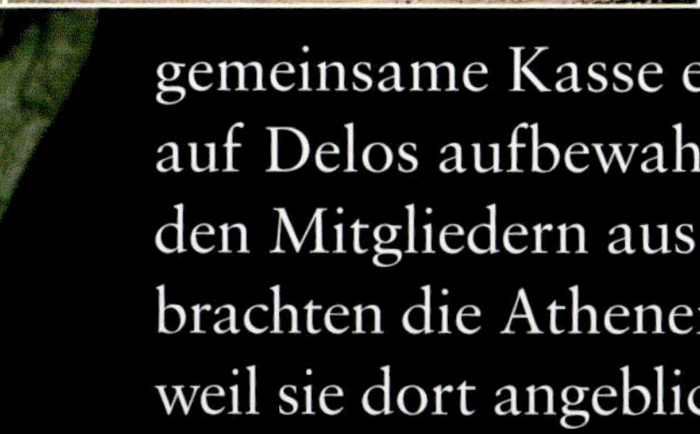

◄ Bronzeabguss einer Schauspielermaske

DER PNYX
Auf dem Hügel Pnyx trafen sich die Bürger Athens. Die Volksversammlung bestand aus rund 6000 Männern. Noch heute sind Überreste einer großen Steinplattform zu erkennen.

begann ein goldenes Zeitalter. Einen Großteil ihres Erfolges verdankten die Athener dem Staatsmann und Feldherrn Perikles. Von 443 bis 429 v. Chr. wurde er jedes Jahr zum *strategos*, zum militärischen Oberbefehlshaber ernannt. Perikles hielt mitreißende öffentliche Reden und war bei der Bevölkerung sehr beliebt. Unter seiner Regierung wuchs und gedieh die Stadt.

In politischen Angelegenheiten entschied die Volksversammlung. Sie bestand aus den männlichen Bürgern über 18 Jahren. Alle zehn Tage trat sie auf dem Pnyx zusammen, einem Hügel westlich der Akropolis. Es mussten mindestens 6000 Bürger anwesend sein. Jeder, ob arm oder reich, hatte das Recht zu sprechen. Er wurde zum Rednerpult geführt und verbarg dort während seiner Rede aus Höflichkeit die Arme im Umhang. Abgestimmt wurde durch Handzeichen. Damit genügend Bürger teilnahmen, benutzte man ein spezielles Seil, das mit rotem Pulver bestäubt war. Es wurde um eine Menschenmenge auf dem Marktplatz geschlungen, um diese so zum Pnyx zu treiben. Sobald jemand mit rotem Pulver auf den Kleidern außerhalb der Versammlung

BRÜLLENDE LÖWEN
Diese Marmorlöwen bewachten einst das berühmte Apollheiligtum auf Delos. Von den ursprünglich 16 Löwen sind nur noch fünf erhalten. Ihr Marmor stammt von Naxos, einer benachbarten Insel.

gesehen wurde, konnte er wegen Vernachlässigung seiner Pflicht bestraft werden.

In Athen gab es keine Anwälte oder Berufsrichter. Deshalb bestand eine weitere Bürgerpflicht darin, als Geschworener an Verhandlungen teilzunehmen. Die Anzahl der Geschworenen konnte bei hundert oder sogar tausend liegen. Um sie zu dieser Arbeit zu ermuntern, erhielten sie täglich eine kleine Geldsumme. Die Bürger waren auch angehalten den verschiedenen Ausschüssen der Stadtverwaltung beizutreten. Da Wahlen nach Ansicht der Athener die Reichen und Mächtigen begünstigten, bestimmte jährlich das Los die Ausschussmitglieder. Niemand durfte häufiger als zweimal im gleichen Ausschuss sitzen.

Nur Bürger hatten politisches Mitspracherecht. Dagegen waren Frauen, Sklaven und Ausländer, die in Athen wohnten und arbeiteten, von öffentlichen Angelegenheiten ausgeschlossen. Die Ausländer,

MYRTENKRANZ
Da die Blätter der Myrte symmetrisch wachsen, verwendeten die Griechen sie gerne für Kränze. Wer in der Versammlung sprechen wollte, setzte sich als Zeichen seines Bürgerstands einen Myrtenkranz auf. Goldene Kränze wie dieser schmückten auch Götterstatuen oder die Häupter Verstorbener.

die so genannten Metöken, waren zwar oft sehr angesehen und reich, doch besaßen sie keinerlei Bürgerrechte.

In der Regierungszeit von Perikles lebten in Athen schätzungsweise 45 000 männliche Bürger, 50 000 Metöken, 100 000 Sklaven sowie rund 100 000 Frauen und Kinder. Athen war keine reine Volksherrschaft, kam aber dem Ideal der Demokratie sehr nahe. Es diente ganz Griechenland als Vorbild, sodass in vielen Stadtstaaten Oligarchie und Tyrannenherrschaft allmählich von der Demokratie verdrängt wurden.

OHNE BÜRGERRECHT
In Athen konnten Ausländer ein Geschäft besitzen oder als Bäcker, Schreiner oder Gärtner arbeiten. Diese Brot backenden Frauen waren vermutlich Sklavinnen, die ebenso wie Ausländer keine Bürgerrechte hatten.

Die Athener widmeten den Schutzgöttern ihrer Stadt viel Zeit. Zum Fest der Göttin Athene wurden Wettbewerbe für Sportler, Dichter und Musiker veranstaltet. Im Frühling fanden die städtischen Dionysien statt – fünftägige Feste zu Ehren des Weingottes Dionysos. Während der Feier führten Schauspieler täglich vier Theaterstücke auf.

EPIDAUROS
Das Theater von Epidauros war so entworfen, dass man sogar von der obersten Sitzreihe freien Blick auf die Schauspieler hatte und jedes Wort verstand. Gespielt wurde in dem runden Feld in der Mitte, dem *orchestra*.

Diese Stücke hatten sich möglicherweise aus früheren Liedern und Tänzen zu Ehren des Dionysos entwickelt.

In Athens Goldenem Zeitalter führte man Theaterstücke tagsüber in einem Freilichttheater auf, meist an drei Tagen hintereinander. Die Schauspieler, alles Männer, stellten mithilfe von Kostümen und Masken verschiedene Figuren dar. Kulissen gab es kaum, denn das Publikum sollte sich auf die Worte und Gesten der Darsteller konzentrieren.

Bei einer bestimmten Schauspielform, der Tragödie, wechselten sich die Schauspieler mit einem Chor ab. Dieser bestand aus einer Gruppe von Männern, die sangen, tanzten und im Chor sprachen. Sie stellten den Schauspielern Fragen, erläuterten die Handlung und erklärten sie dem Publikum. Der Stoff der Tragödien stammte aus den wohlbekannten griechischen Mythen und Sagen. Die Stücke handelten von Gerechtigkeit und Ehre, von Tugend und Vortrefflichkeit, aber auch von der furchtbaren Bestrafung menschlicher Überheblichkeit.

PREISZIEGE
Wörtlich übersetzt bedeutet Tragödie »Ziegenlied«. Der Sage zufolge wurde das erste Theaterstück von einem Dichter namens Thespis geschrieben, der eine Ziege als Preis dafür erhielt.

DIONYSIEN
Auf diesem Vasenbild verschenkt Gott Dionysos Wein. Bei den städtischen Dionysien in Athen folgte auf den Festumzug und die Opfer ein Theaterwettbewerb.

SOPHOKLES
Sophokles errang seinen ersten Preis bei den Dionysien mit 28 Jahren. Noch mit 80 schrieb er Theaterstücke. Von seinen 100 Stücken sind nur sieben erhalten.

Die Figuren einer Tragödie geraten immer wieder in ausweglose Situationen, an denen sie scheitern. In Sophokles' Stück *König Ödipus* etwa wird Ödipus prophezeit, dass er seinen Vater ermorden und seine Mutter heiraten wird. Trotz all seiner Bemühungen kann er dem vorbestimmten Schicksal nicht entgehen.

Das Theater bot den Griechen die Möglichkeit, sich mit dem menschlichen Leben und all seinen Schrecken und Rätseln auseinander zu setzen. Die besten Stückeschreiber Athens waren Männer mit Lebenserfahrung. Aischylos hatte beispielsweise an den Schlachten von Marathon und Salamis teilgenommen und Sophokles war zweimal zum militärischen Oberbefehlshaber ernannt worden. Ihre Kenntnis des menschlichen Daseins floss in die Stücke ein, die uns bis heute ansprechen.

Bei den städtischen Dionysien wurden aber nicht nur Tragödien aufgeführt, sondern auch Komödien. In ihnen machte man sich über die Alltagssorgen der einfachen Athener lustig. Dabei wurden selbst die wichtigsten Männer der Stadt verspottet, denn in Athen herrschte Redefreiheit.

Vermutlich war den Athenern bewusst, dass sie in einem außergewöhnlichen Zeitalter lebten. Sie betrachteten sich immerhin als Auserwählte der Götter. Der Philosoph Platon, der im folgenden Jahrhundert lebte, stellte fest, dass »in der Stadt persönliche Freiheit und Redefreiheit herrschen und jeder tun kann, was ihm gefällt«. Die Athener waren tatsächlich freie Bürger und ihre Stadt zog Maler und Dichter, Geschichtsschreiber und Theaterautoren, Philosophen und Redner aus ganz Griechenland an.

Damit das Aussehen der Stadt ihrem zunehmenden Ansehen gerecht wurde, setzte Perikles ein ehrgeiziges Bauprogramm in Gang. Er überredete seine Mitbürger, Geld aus der Kasse des Attischen Seebunds sowie Silber aus Laurion zu verwenden, um die Tempel wieder aufzubauen, die 30 Jahre zuvor von den Persern zerstört worden waren. Außerdem gab er einen neuen Tempel auf der Akropolis in Auftrag, der alles Bisherige in den Schatten stellen sollte.

Dieses herrliche Gebäude wurde Parthenon genannt, weil es der Athene Parthenos gewidmet war, der Jungfrau Athene. Für den fast 40 m breiten und 70 m langen Bau benötigte man ungefähr

LUSTIGE MASKEN
Als Figuren der Komödie waren komische Sklaven besonders beliebt. Diese Tonfiguren mit fratzenhaften Masken und gepolsterten Kostümen stellen bekannte Rollen dar.

SATYRSPIELE
Die Vasenmalerei zeigt Schauspieler im Kostüm von Satyrn. Diese mythischen Wesen, halb Mensch, halb Ziege, dienten dem Gott Dionysos.

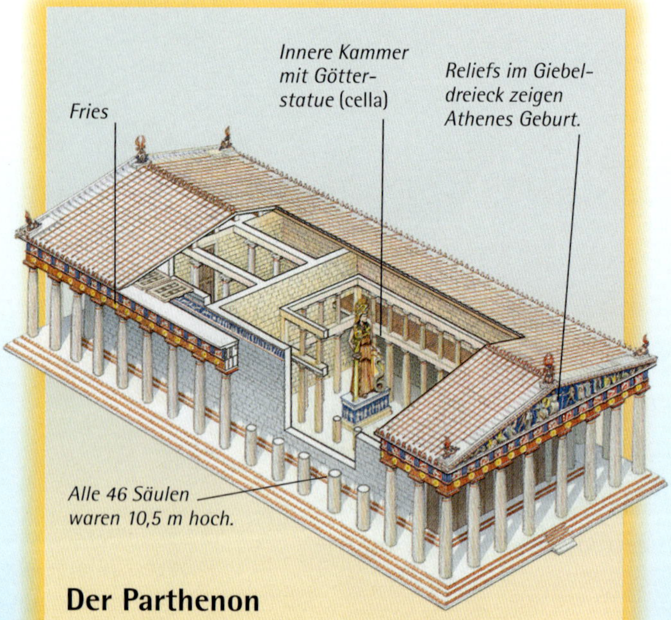

Der Parthenon

Der neue Tempel auf der Akropolis wurde vom Architekten Iktinos erbaut. Der Bau war der Schutzgöttin Athene geweiht und bestand aus blendend weißem Marmor. Farbig bemalte Statuen schmückten ihn ebenso wie ein Fries. Dieses Zierband lief rund um das Gebäude und stellte mythische Kämpfe dar.

Die Göttin Athene
Der Bildhauer Phidias fertigte für den Parthenon eine große Statue der Göttin Athene. Hier ein kleines Abbild des Originals: Die Göttin trägt einen Helm und einen mit Schlangen gesäumten Umhang, die so genannte Ägis. Rechts von ihr eine Statue von Nike, der Siegesgöttin.

20000 Tonnen Marmor. In diesem großen Tempel wurde eine 12 m hohe Statue der Göttin Athene aufgestellt, die mit Gold und Elfenbein überzogen war. Außerdem schmückte man ihn mit Täfelungen und Standbildern, die den Eindruck von Erhabenheit und Schönheit noch verstärkten.

Wie alle griechischen Stadtstaaten lebte die Athener Gesellschaft von der Arbeit der Bauern. Mindestens 80 Prozent der Bevölkerung arbeiteten auf dem Land. Ackerbau war mühsam, denn der Boden war in den meisten Gegenden Griechenlands nicht sehr fruchtbar. Die griechischen Bauern pflügten im Frühjahr und ein zweites Mal im Herbst. Einige lebten zwar in der Stadt, gingen aber täglich auf ihre Felder hinaus.

Obgleich viele griechische Stadtstaaten demokratisch regiert wurden, besaßen ihre Bürger nicht unbedingt die gleichen Rechte. Auch in Athen gab es Unterschiede zwischen Arm und Reich. Im

Allgemeinen erwartete man jedoch, dass die Reichen die Stadt an ihrem Wohlstand teilhaben ließen. Sie konnten z. B. ein Kriegsschiff bauen oder den Chor einer Theateraufführung bezahlen. Eine solche Leistung für die Stadt wurde *leiturgia* genannt, »Dienst am Volk«.

TEURES SILBER
Diese Löcher dienten dazu, das Silbererz aus Laurion zu waschen. In den Silberminen schufteten Sklaven in engen Schächten tief unter der Erde. Sie gruben nach Erz und beförderten es an die Oberfläche. Dabei starben viele von ihnen an Erschöpfung.

Der Alltag von Männern und Frauen gestaltete sich in Griechenland sehr unterschiedlich. Abgesehen von den spartanischen Frauen führten die Griechinnen ein zurückgezogenes Leben. In reichen Athener Familien wohnten die Frauen getrennt von den Männern in den oberen Stockwerken ihrer Häuser. Sie durften an den Festen der Männer nicht teilnehmen. Es war ihnen auch nicht gestattet, Eigentum zu besitzen oder Geld zu erben. Wenn der Vater einer unverheirateten Frau starb, musste diese seinen nächsten männlichen Verwandten heiraten, damit das Erbe in der Familie blieb. Griechinnen heirateten bereits mit

ATHENS GROSSER STOLZ
Mit dem zwischen 447 und 432 v. Chr. errichteten Parthenon dankten die Bürger ihrer Schutzgöttin. Sie glaubten, Athene habe den Sieg über die Perser ermöglicht. Der Marmor für den Tempel stammte aus Steinbrüchen am Berg Pentelikon und wurde mit Ochsenwagen auf die Akropolis gebracht.

WASSERVERSORGUNG
Jeden Tag holten Sklavinnen und ärmere Frauen an öffentlichen Brunnen Wasser.

13 oder 14 Jahren einen vom Vater ausgewählten Ehemann. Waren die Ehefrauen wohlhabend, verbrachten sie den Großteil ihrer Zeit im Haus. Sie durften sich nicht auf der Straße zeigen, konnten aber ihre Freundinnen einladen und religiöse Feste besuchen. Den Einkauf besorgten die Ehemänner oder Sklaven. Frauen aus ärmeren Familien konnten es sich allerdings nicht leisten, den ganzen Tag im Haus zu bleiben. Sie mussten arbeiten gehen: Entweder pflückten sie Obst oder sie verkauften auf Straßen und Märkten Waren.

In der Familie hatten nur die Männer das Sagen. Die Zukunft eines Neugeborenen lag allein in der Hand seines Vaters. In manchen Teilen Griechenlands durften Väter ihre Kinder sogar verkaufen. Vätern in Athen war es gesetzlich erlaubt, einen unerwünschten Säugling loszuwerden, indem sie ihn aussetzten. Erwachsene waren verpflichtet sich um ihre alten Eltern zu kümmern und konnten sogar bestraft werden, wenn sie es nicht taten.

Sobald sie alt genug waren, arbeiteten Bauernsöhne auf dem Feld und die Jungen von Handwerkern in der väterlichen Werkstatt. Mädchen blieben zu Hause und lernten zu kochen und den Haushalt zu versorgen. Nur Jungen aus reichen Familien

LANDARBEIT
Diese Figurengruppe stellt einen griechischen Bauern mit seinem Ochsengespann dar. Der Ackerboden war oft hart und steinig. Pflüge wurden aus Holz gefertigt und hatten manchmal eine eiserne Pflugschar.

GRIECHISCHE KLEIDUNG
Die Kleider bestanden überwiegend aus Schafswolle. Männer und Frauen trugen alle einen *chiton*, eine Tunika aus einem einzigen Stoffrechteck.

besuchten vom siebten bis zum 18. Lebensjahr die Schule. Ihre Lehrer waren häufig Sklaven, die sie in Literatur, Rechnen und verschiedenen Sportarten unterrichteten. Zum Lehrstoff gehörten auch Gedichte und das Leier- und Flötenspiel. Mit 18 Jahren mussten die Jungen in die Armee eintreten. Danach galten sie in Athen und anderen Städten als vollwertige Bürger und waren in Versammlungen stimmberechtigt.

Die Griechen hielten es für wichtig, körperlich gut in Form zu bleiben. Sowohl Jungen als auch Männer besuchten regelmäßig das *gymnasion* und übten sich in verschiedenen Sportarten. Besonders beliebt waren Weitsprung und Diskuswerfen. Auch Ringen und Boxen wurde trainiert. Obgleich es Schwimmbecken gab, war der Schwimmsport nicht besonders angesehen. Das Leben eines jungen Atheners bestand jedoch nicht nur aus Lernen und Sport. Die Kinder schienen auch Zeit zum Spielen zu haben, denn Archäologen fanden Rasseln, Puppen, Pferde mit Rädern, kleine Tierfiguren

FRAUENLEBEN
Wohlhabende Athenerinnen sollten zu Hause bleiben, auch wenn die Hausarbeit meist von Sklaven verrichtet wurde.

BILDUNG
Der Junge auf diesem Relief liest aus einer Papyrusrolle vor. Umherziehende Lehrer, so genannte Sophisten, unterwiesen Jungen aus reichen Familien in der Redekunst.

MUSIKUNTERRICHT
Musik galt als wichtiger Bestandteil des Unterrichts. Die Jungen lernten das Spiel auf der Lyra, einer Leier, deren Resonanzkörper aus einem Schildkrötenpanzer bestand.

und anderes Spielzeug. Außerdem hielten Kinder Haustiere wie z. B. Heuschrecken oder Enten.

Verglichen mit den prachtvollen öffentlichen Gebäuden waren die Athener Wohnhäuser geradezu schäbig: Sie waren ziemlich klein und hatten sehr dünne Wände. Einbrecher nannte man »Wand-Durchbohrer«, weil sie auf diese Art am einfachsten in ein Haus gelangten. In der Mitte des Gebäudes befand sich ein Innenhof, auf den alle Räume hinausgingen. Da nur wenige Häuser über eine eigene Wasserversorgung verfügten, holten sich die Leute ihr Wasser an einem öffentlichen Brunnen oder einer Quelle.

Die Griechen ernährten sich eher einfach, aber gesund von Getreide, Obst und Gemüse. Trauben dienten vor allem der Herstellung von Wein, da dies den Bauern am meisten Gewinn brachte. Geeignetes Ackerland für Weizen und Gerste war knapp, sodass Athen Getreide aus der Schwarzmeerregion einführen musste. Die griechischen Bauern hielten Schafe, Ziegen, Rinder und Schweine, doch aß man Fleisch nur bei besonderen Gelegenheiten. Butter oder Milch waren nicht

bekannt. Man trank Wasser und Wein, häufig auch gemischt. Oliven wurden nicht nur verzehrt, sondern lieferten vor allem das wichtige Olivenöl. Dieses benutzte man zum Kochen, als Brennmittel für Lampen und zur Körperreinigung. Zum Nachtisch aßen die Griechen gerne süßes Obst wie Feigen und Granatäpfel oder Gebäck, das mit Honig aus den Hymettos-Bergen bei Athen gesüßt wurde.

KAMPFSPORT
Ringkämpfe waren erst dann beendet, wenn einer der Gegner aus Erschöpfung aufgab. Da Spartaner keine Niederlage zugeben durften, war das Ringen in Sparta verboten.

Das Durchschnittsalter der Griechen lag bei nur 30 Jahren, vielleicht auch aufgrund von Seuchen und Unterernährung. Aber obgleich das Leben besonders auf dem Land mühsam war, verbrachten selbst die Ärmsten ihre Freizeit gerne mit Würfelspiel und Hahnenkampf. Viele Griechen fanden Vergnügen an einem Spiel, bei dem man kleine Tierknochen als Würfel verwendete. Die Reichen gingen mit Vorliebe auf die Jagd, trieben Sport oder feierten üppige Feste. Beliebt war das *symposion*, ein Trinkgelage, bei dem die Gäste auf Liegen ruhten und mit Wasser verdünnten Wein tranken, der von Sklaven gereicht wurde.

BAUERNHAUS
Dieses einfache Haus hat Mauern aus luftgetrockneten Lehmziegeln, die mit Gips verputzt sind. An den kleinen Fenstern hängen Holzläden und Tonziegel bedecken das Dach.

GESUNDE KOST
Auf dem Speiseplan der Griechen standen oft Hülsenfrüchte wie Kichererbsen und Linsen. Zum Nachtisch aß man gern Feigen und Nüsse.

Ehrbare Frauen waren von diesem Fest ausgeschlossen, nicht aber die so genannten Hetären. Diese Sklavinnen unterhielten die Männer mit Flötenspiel und Tanz.

Der größte Teil der athenischen Bevölkerung bestand aus Sklaven. Sie waren entweder Kriegsgefangene oder Barbaren, also Nicht-Griechen, die man gefangen genommen und auf dem Markt verkauft hatte. Viele von ihnen trugen eine Tätowierung oder ein Brandmal, damit ihre Besitzer sie wiedererkennen konnten. Oft wurden sie grausam oder erniedrigend behandelt. So mussten z. B. Sklaven in Bäckereien Maulkörbe tragen, damit sie kein Gebäck aßen. In den Silberminen von Laurion, die wesentlich zum Reichtum Athens beitrugen, arbeiteten vermutlich bis zu 30 000 Sklaven unter entsetzlichen Bedingungen. Manche Bergwerktunnel waren so eng, dass nur Kinder sich in ihnen bewegen konnten.

Wenn man also von der Freiheit Athens spricht und seine Demokratie lobt, sollte man nicht die Sklaven vergessen. Sie standen in

TÄGLICHES BROT
Brot war ein wichtiges Grundnahrungsmittel. Es wurde von Hausfrauen oder Sklaven selbst gebacken oder man kaufte es beim Bäcker auf dem Markt.

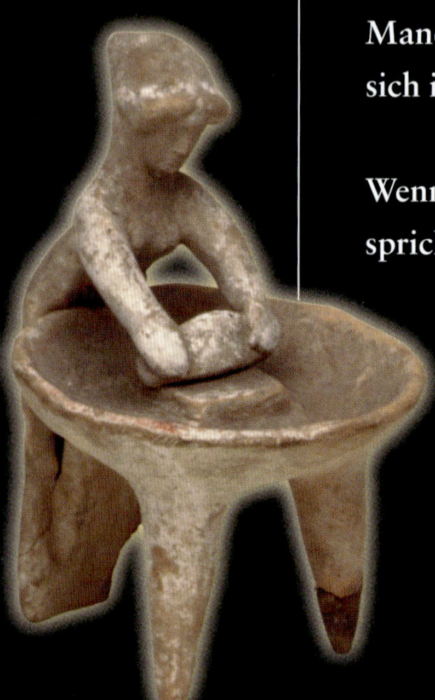

TRINKGELAGE
Diese Vasenmalerei zeigt eine Bankettszene. Um die Gäste zu unterhalten, spielt eine Sklavin auf der Doppelflöte.

der Gesellschaft ganz unten, besaßen keinerlei politisches Mitspracherecht und durften selbst über ihr eigenes Leben nicht bestimmen. Die Griechen sahen in der Sklaverei trotzdem kein Übel, denn in ihren Augen zählten Sklaven nicht zu den Menschen. Selbst wenn griechische Philosophen sich »ideale« Städte vorstellten, gehörten Sklaven und Arbeiter immer dazu.

SKLAVENARBEIT
Die Sklavin auf diesem Bild schenkt ihrem Herrn Wein ein. In reichen Häusern erledigten größtenteils Sklaven die anfallende Arbeit. Oft wurden sie zu vertrauten Familienmitgliedern.

In jeder menschlichen Gesellschaft gibt es Ungerechtigkeit und sogar Grausamkeit, gleichzeitig aber immer auch Gutes und Schönes. Trotz ihrer Mängel gilt die Demokratie Athens und die Kultur des Goldenen Zeitalters auch heute noch weltweit als Vorbild.

KAPITEL ACHT

Der Peloponnesische *Krieg*

Unter Perikles' Regierung war Athen so reich und mächtig geworden, dass andere Stadtstaaten sich bedroht fühlten. 431 v. Chr. kam es zu einem Krieg mit Sparta, der 27 Jahre dauerte. Er endete mit der Niederlage Athens.

Die kriegerischen Spartaner beobachteten mit wachsender Sorge, wie die Athener mithilfe ihrer Flotte zur Seemacht aufstiegen. Nach einer Reihe von bewaffneten Auseinandersetzungen zwischen Spartas Verbündeten und Athen unterzeichneten beide Seiten 445 v. Chr. einen Waffenstillstand. Doch zwei so unterschiedliche Städte konnten nicht lange in Frieden miteinander leben. In Sparta herrschte eine Oligarchie mit wenigen Oberhäuptern, Athen dagegen war demokratisch. Dank seines Hafens Piräus konnte Athen Handelsbeziehungen mit dem gesamten Mittelmeerraum unterhalten, während Sparta in seinem abgelegenen Tal weitgehend isoliert blieb. Athen war eine Hochburg der Kunst, die Spartaner dagegen hatten für Theater, Architektur und Bildhauerei wenig übrig. Letztlich aber war es wohl die Angst vor

◀ **Die Liebesgöttin Aphrodite schenkt dem Kriegsgott Ares Wein ein.**

ZERSTRITTENE GRIECHEN
Die Karte zeigt die Machtverteilung im Peloponnesischen Krieg. Manche Stadtstaaten unterstützten Sparta, andere Athen.

der wachsenden Macht Athens, die Sparta veranlasste den Waffenstillstand zu brechen.

431 v. Chr. entwickelte sich ein Konflikt zwischen Korinth und seiner Kolonie Korkyra (Korfu). Sparta und Athen unterstützten jeweils gegnerische Seiten. Noch im gleichen Jahr erklärte Sparta Athen den Krieg und fiel in Attika ein. So begann der 27-jährige Peloponnesische Krieg.

HAFEN VON PIRÄUS
Eine moderne Ansicht des Hafens von Piräus. Im 5. Jh. v. Chr. verbanden die »Langen Mauern« den befestigten Hafen mit dem 11 km entfernten Athen. Solange seine Flotte das Meer beherrschte, konnte Athen nicht ausgehungert werden.

Perikles war als militärischer Oberbefehlshaber für Athens Strategie zuständig. Er holte alle außerhalb von Athen lebenden Bürger in die befestigte Stadt und ließ die Spartaner Attika ungehindert angreifen. Der Stadtwall von Athen, die »Langen Mauern«, umschloss nicht nur die Stadt, sondern auch ihren Hafen Piräus. So war die Flotte geschützt und Athen konnte sich über den Seeweg mit Lebensmitteln versorgen. Perikles ließ nun die Athener Flotte immer wieder an verschiedenen Stellen der Peloponnesischen Küste angreifen. Auf diese Weise wollte er den Gegner zermürben und die Verbündeten Spartas dazu bringen, die Seiten zu wechseln.

Außerdem hoffte er die Heloten zu einem Aufstand gegen Sparta zu bewegen.

STAATSMANN UND STRATEGE
Perikles regierte Athen 20 Jahre lang. Die Büste, die ihn mit Kampfhelm zeigt, entstand kurz vor seinem Tod 429 v. Chr.

Nach dem ersten Kriegsjahr setzte man die Gefallenen Athens öffentlich bei. Perikles hielt eine bewegende Lobrede auf die Stadt und ihre Bewohner. In dieser hochberühmten Rede erklärte er: »Wir lieben das Schöne und sind doch nicht anspruchsvoll. Wir pflegen den Geist, ohne unsere Männlichkeit zu verlieren. Bei uns ist Armut keine Schande, doch es ist eine Schande, ihr nicht vorzubeugen.«

Während des Krieges wurde Athen zu einem Zufluchtsort für tausende von Landbewohnern. Da nicht alle Flüchtlinge in Häusern untergebracht werden konnten, mussten viele auf der Straße oder in behelfsmäßigen Hütten leben. Überbevölkerung und mangelnde Hygiene führten dazu, dass sich in Athen die Pest ausbreitete. Fast ein Viertel der Bevölkerung starb. Auch Perikles fiel der Seuche 429 v. Chr. zum Opfer. Ohne seine Weisheit und Führungskraft traf man in der Folgezeit einige unüberlegte Entscheidungen.

LEICHENZUG
Auf dieser Vasenmalerei tragen Verwandte einen Sarg zur Beerdigung vor die Stadt, gefolgt vom Zug der Trauernden. Einmal im Jahr hielt Athen eine öffentliche Trauerfeier für gefallene Soldaten ab.

IN DER SCHLACHT GEFALLEN
Dieses Relief auf einem Grabstein zeigt zwei Athener Hopliten, die in einer Schlacht des Peloponnesischen Krieges starben.

Die Spartaner ließen nicht davon ab, das Umland Athens anzugreifen. Der Krieg zog sich hin, bis beide Seiten völlig erschöpft waren. 421 v. Chr. unterzeichneten die beiden Stadtstaaten einen Friedensvertrag und erklärten sich dazu bereit, eroberte Gebiete zurückzugeben.

Doch der Frieden dauerte nicht lange an. 414 v. Chr. unterlief den Athenern ein verheerender Fehler, der zum Wendepunkt des Krieges führte. Anlass war Segesta, eine unabhängige griechische Stadt auf Sizilien. Sie bat das verbündete Athen 416 v. Chr. um Unterstützung gegen die damals größte Stadt Siziliens, das benachbarte Syrakus. Die Athener beschlossen Syrakus zu erobern und dadurch ganz Sizilien und sein wertvolles Getreide in ihre Gewalt zu bekommen.

So stachen 415 v. Chr. rund 100 Kriegsschiffe mit über 5000 Soldaten in See und nahmen Kurs auf

TEMPEL AUF SIZILIEN
Dieser Tempel bei Segesta entstand, kurz bevor die Stadt um militärische Hilfe nach Athen schickte. Er ist mit seinen schlichten, dicken Säulen ein gutes Beispiel für den dorischen Stil.

Italien. Doch die drei Athener Befehlshaber konnten sich nicht über ihre Strategie einig werden und das Unternehmen endete in einer Katastrophe.

Die Syrakuser Flotte zerstörte den Großteil der athenischen Schiffe. An Land wurden die Athener Soldaten schwer geschlagen und zu tausenden während des Rückzugs getötet. Gefangene wurden als Sklaven in die Steinbrüche Siziliens geschickt. Ein Athener Befehlshaber konnte nach Sparta fliehen, die beiden anderen wurden gefoltert und umgebracht. Damit erlitt Athen eine demütigende Niederlage. Seine Kriegsflotte war vernichtet, die Soldaten gefallen oder verschollen und die Staatskasse in Unordnung.

Die meisten Griechen glaubten, dies sei der Untergang Athens. Eine Zeitlang übernahm eine Gruppe von 400 Oligarchen die Herrschaft in der Stadt. Da sie aber die Lage nicht verbessern konnten, wurden sie von den Bürgern entmachtet. Die Demokratie wurde schließlich wiederhergestellt. Aber bald kam es zwischen Athen und Sparta erneut zum Krieg.

DAS GROSSE SYRAKUS
Syrakus war nach Athen die zweitgrößte Stadt der griechischen Welt. Die Münze zeigt ein Bildnis von Arethusa, der Schutzgöttin der Stadt. Arethusa war eine Wassernymphe. Die Göttin Artemis verwandelte sie in einen Bach, um sie vor den Nachstellungen eines verliebten Flussgottes zu retten.

ATHENER HOPLIT
Alle Bürger mussten Kriegsdienst leisten. Allerdings wurden nur wohlhabende Landbesitzer Hopliten. Ihre Waffen und Ausrüstung besorgten sie sich selbst.

Die Spartaner wussten, dass sie für einen Sieg über Athen eine Flotte bräuchten. Deshalb verbündeten sie sich mit den Persern, die sich nur zu gern in den Streit der Griechen einmischten. Mit dem Gold der Perser bauten die Spartaner eigene Kriegsschiffe. Nun konnten sie die Athener zu Lande und zu Wasser angreifen. Zuerst eroberten sie eine Festung in Attika und bekamen dadurch die Silberminen von Laurion in ihre Gewalt. Angeführt von ihrem Admiral Lysander zerstörten sie anschließend bei einem Überraschungsangriff die meisten athenischen Schiffe bei Aigospotamoi in der nördlichen Ägäis. Währenddessen marschierten spartanische Soldaten in Attika ein und Spartas Flotte belagerte den Hafen von Piräus. Ohne ihre Schiffe konnten die Athener keinen Nachschub in die Stadt holen und mussten eine Hungersnot befürchten. Sie ergaben sich 404 v. Chr. und beendeten damit den Peloponnesischen Krieg.

Viele Verbündete Spartas forderten die völlige Zerstörung Athens, doch die Spartaner wollten keinen Stadtstaat vernichten, der einst so tapfer für die Freiheit Griechenlands gekämpft hatte. Stattdessen befahlen sie den Athenern ihre Stadtmauer niederzureißen und ihre restlichen Kriegsschiffe zu übergeben. Nach seiner Niederlage wurde Athen von

PERSISCHES GOLD
Der geflügelte Löwe war bei den Persern ein beliebtes Motiv. Dieser Goldlöwe stammt wahrscheinlich aus einem persischen Palast. Persien nutzte seinen großen Reichtum, um Sparta im Peloponnesischen Krieg zu unterstützen.

FELDHERR UND GESCHICHTSSCHREIBER
Der Athener Thukydides wurde aus der Stadt verbannt, weil er eine Schlacht gegen die Spartaner verloren hatte. Im Exil schrieb er eines der wichtigsten historischen Werke aller Zeiten: die achtbändige Geschichte des Peloponnesischen Krieges.

einer Gruppe spartafreundlicher Bürger regiert, die man die »Dreißig Tyrannen« nannte. Die Stadt schien ihren bisherigen Tiefpunkt erreicht zu haben, während Sparta zwar den Sieg, aber nicht den Frieden errungen hatte. Schon nach einem Jahr waren die Athener ihre Tyrannen wieder losgeworden.

Spartas Vormachtstellung war nicht von Dauer. Das Bündnis zwischen Sparta und Persien brach auseinander und 395 v. Chr. verbündeten sich Athen und Theben mit Persien gegen Sparta. Als die Perser jedoch sahen, dass Athen wieder eine Kriegsflotte aufbaute, unterstützten sie die Allianz nicht länger. Sie verlangten, dass die Griechen einen Friedensvertrag unterzeichneten, dessen Bedingungen der König von Persien festlegte.

Dennoch herrschte in Griechenland noch immer kein Frieden. 371 v. Chr. erlitt Sparta bei der Schlacht von Leuktra gegen Theben ihre erste größere Niederlage. Damit begann Spartas Niedergang. Die Heloten erhoben sich gegen ihre verhassten Herren und gründeten einen eigenen, von Theben beschützten Stadtstaat. Sparta verlor mehr und mehr an Macht.

KAPITEL NEUN

Die Philosophen

Trotz der erlittenen Niederlage blieb Athen der Drehpunkt griechischer Kultur. In den Jahren nach dem Peloponnesischen Krieg lebten und lehrten hier die bedeutendsten Denker der Antike: Sokrates, Platon und Aristoteles.

DAS WORT PHILOSOPH stammt vom griechischen Begriff *philosophos* und bedeutet »Weisheitsliebender«. Die ersten griechischen Philosophen lebten im 5. und 6. Jahrhundert v. Chr. in Ionien. Anstatt Mythen und Märchen der Vorzeit zu glauben, machten sie sich erstmals Gedanken über die Gesetze der Natur.

Ein früher Philosoph war Thales von Milet, der in Ägypten Mathematik und Sternkunde studierte. Er versuchte Fragen durch Beobachtung und Schlussfolgerung zu beantworten und sagte sogar eine Sonnenfinsternis voraus. Er soll so zerstreut gewesen sein, dass er beim Betrachten der Sterne in einen Brunnen fiel. In gewisser Weise passte das zu ihm, da er glaubte, das Universum sei aus Wasser entstanden.

◀ **Ein römisches Mosaik von Platons Akademie in Athen**

Sokrates lehrte, dass man sich nicht auf die Ansichten anderer verlassen solle, sondern selbst Rückschlüsse ziehen müsse. Für ein gutes Leben sei es wichtig, die Bedeutung der Tugend zu erkennen und diese Erkenntnis umzusetzen. Sokrates bezeichnete sich selbst nie als Philosophen. Obwohl er ein angesehener Lehrer war, lebte und starb er als armer Mann, da er

DER MYSTIKER PYTHAGORAS
Pythagoras behauptete, die Seele eines Lebewesens könne nach seinem Tod in einen anderen Körper übergehen. Da auch im Körper eines Tiers eine menschliche Seele wohnen konnte, aß er kein Fleisch.

für seine Lehrstunden kein Geld nahm. Er trug das ganze Jahr über den gleichen Umhang und ging barfuß.

Sokrates schrieb nie etwas auf. Er entwickelte seine Ideen im Gespräch mit Schülern und Mitbürgern, indem er sie fragte: »Was ist ein gutes Leben?«, oder: »Was ist Gerechtigkeit?«. Er behauptete, nichts zu wissen. Weisheit bestünde darin, die eigene Unwissenheit zu kennen. Er nahm seine Schüler regelrecht ins Kreuzverhör, um die Schwächen ihres Denkens zu enthüllen. Mithilfe dieser Befragungen wollte er gemeinsam mit ihnen die Wahrheit aufdecken.

In der schwierigen Zeit nach dem Sturz der »Dreißig Tyrannen« hielten viele Athener Sokrates' Ideen für gefährlich. Er wurde wegen Gottlosigkeit und Gefährdung der Jugend angeklagt. Tatsächlich hatte er sich durch sein kritisches Nachfragen politische Feinde geschaffen. Mit einer Geldstrafe wäre Sokrates einer Gerichtsverhandlung entgangen. Doch er behauptete, er habe nichts Unrechtes getan, und verteidigte sich nicht. Das Gericht verurteilte ihn 399 v. Chr. zum Tode.

LEHRSATZ DES PYTHAGORAS
Pythagoras zeigte, dass man die Seitenlänge eines rechtwinkligen Dreiecks errechnen kann, wenn man die Längen der anderen beiden Seiten kennt. Daraus ergibt sich die Formel:

$$a^2 + b^2 = c^2$$

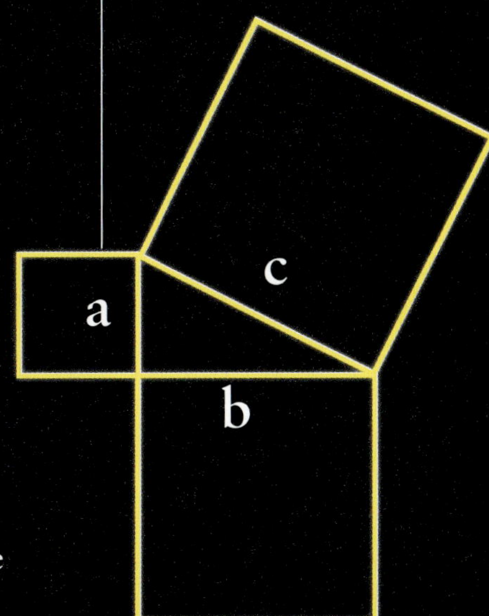

Seine Freunde baten ihn zu fliehen, doch Sokrates weigerte sich mit der Begründung, er habe immer in der Stadt gelebt und beuge sich ihren Gesetzen. Noch an seinem Todestag philosophierte er über Themen wie die Unsterblichkeit der Seele. Er glaubte, einem guten Menschen könne weder im Leben noch nach dem Tode etwas Böses zustoßen. Sein Todestrank aus giftigem Schierling ließ ihn rasch sterben.

TÖDLICHES GIFT

Im alten Griechenland bestand eine Form der Hinrichtung darin, dem Verurteilten einen Schierlingstrank zu reichen. In Wurzeln und Blättern des Schierlings ist Gift enthalten, das das Nervensystem lähmt und einen raschen Tod bewirkt.

Unser Wissen über Sokrates und seine Lehren verdanken wir seinem Schüler Platon. Nach der Verurteilung seines Lehrers verließ Platon Athen, kehrte aber zurück, um einige Schriften über Sokrates zu verfassen. Diese so genannten Dialoge sind Unterhaltungen des Sokrates mit anderen Denkern. 388 v. Chr. gründete Platon vor den Toren Athens seine eigene Schule, die Akademie. Seine Lehren begeisterten viele junge Griechen und waren bald in der ganzen antiken Welt bekannt.

TOD DES SOKRATES
Platon beschreibt, wie Sokrates im Kreis seiner Freunde den Schierlingsbecher austrank und gelassen seinen Tod erwartete. Hier sieht man die Szene auf einem Gemälde aus dem 17. Jh.

Platon schrieb über viele Themen, darunter auch über die Liebe zur Natur und über die Gerechtigkeit. Sein berühmtestes Buch aber ist *Der Staat*, in dem er seine Vorstellung von einer perfekten Gesellschaft erklärt.

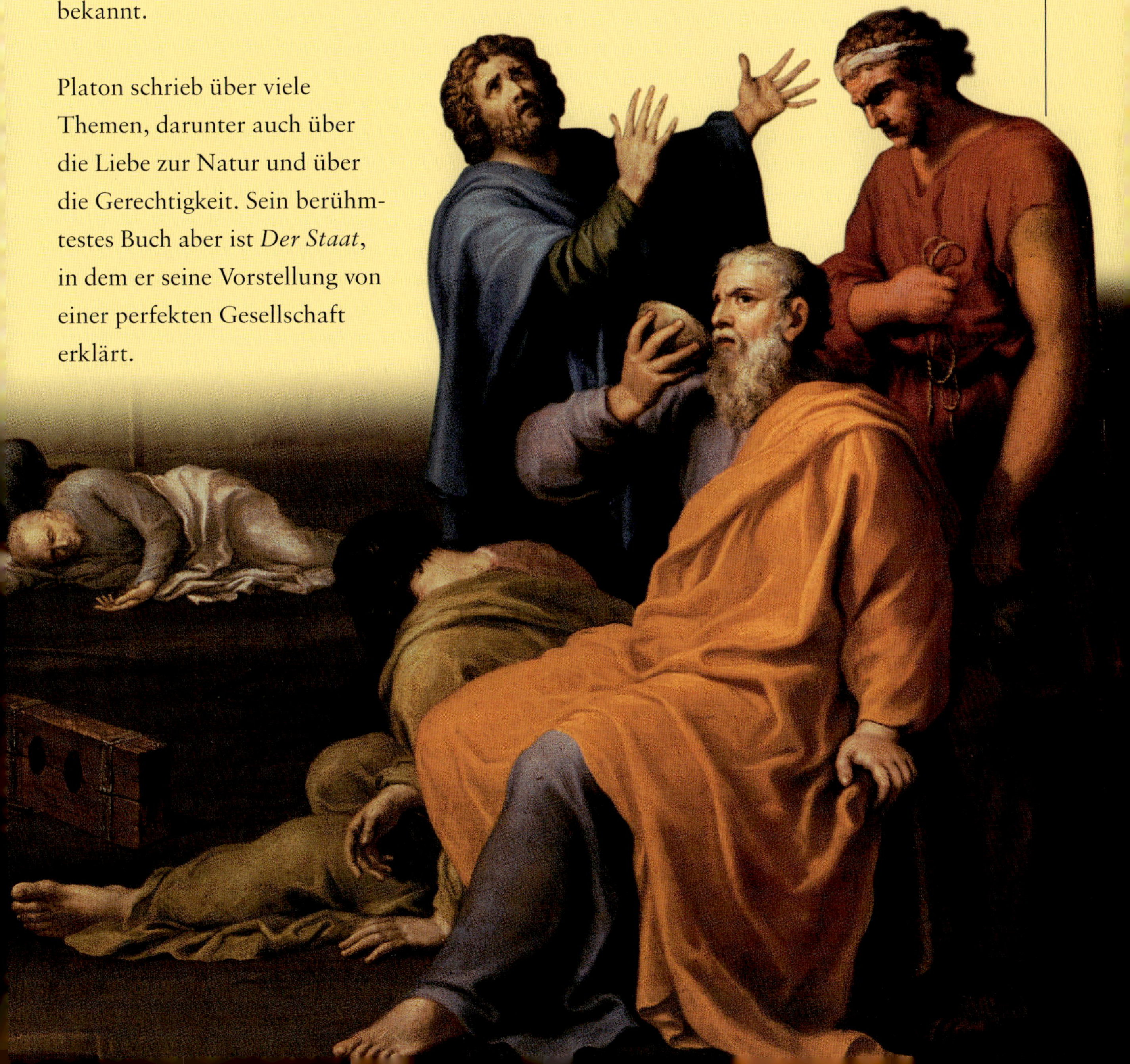

DER DENKER
Diese Statue stellt den Sokrates-Schüler Platon dar. Platon glaubte, unsere Welt sei nur der Schatten einer idealen Welt, die jenseits unserer Wahrnehmung liegt.

Platon glaubte, die perfekte Gesellschaft müsse von einem Philosophen und einer Gruppe von Weisen regiert werden, den »Wächtern«. Es gäbe kein Privateigentum und alle Kinder würden gemeinsam aufgezogen. Offensichtlich mochte Platon die Demokratie nicht, obwohl er in Athen lebte. In seinen Augen war sie die schlechteste Regierungsform. Allerdings war Athens Demokratie zu seiner Zeit durch Niederlagen und politische Umwälzungen geschwächt.

Platons bekanntester Schüler war der aus Nordgriechenland stammende Aristoteles. Er kam 367 v. Chr. nach Athen, um an der Akademie zu studieren. Aristoteles war der Ansicht, man solle Extreme meiden und einen mittleren Weg beschreiten. Die Natur interessierte ihn sehr und er studierte sie gründlich. Er glaubte eine Behauptung erst, wenn er sie durch Beobachtung beweisen konnte. Damit gehörte er zu den ersten echten Wissenschaftlern.

Aristoteles bestimmte über 500 Tierarten, indem er ihr Aussehen und Verhalten beobachtete. Auch über das Theater und die Redekunst schrieb er.

Hippokrates, Vater der Heilkunst

Der berühmte griechische Arzt Hippokrates (460–377 v. Chr.) glaubte, dass Krankheiten vom Körper verursacht würden. Um gesund zu werden, seien Erholung und eine geeignete Diät wichtig. Der »hippokratische Eid« gilt Ärzten immer noch als Richtlinie für die Behandlung von Patienten. Nach Hippokrates' Meinung bestand die Welt aus den vier Elementen Feuer, Luft, Erde und Wasser. Er glaubte, dass es auch im menschlichen Körper vier Säfte gäbe, die den Elementen und den vier Jahreszeiten entsprächen.

Idealerweise sollten im Körper eines Menschen alle vier Säfte zu gleichen Anteilen enthalten sein.

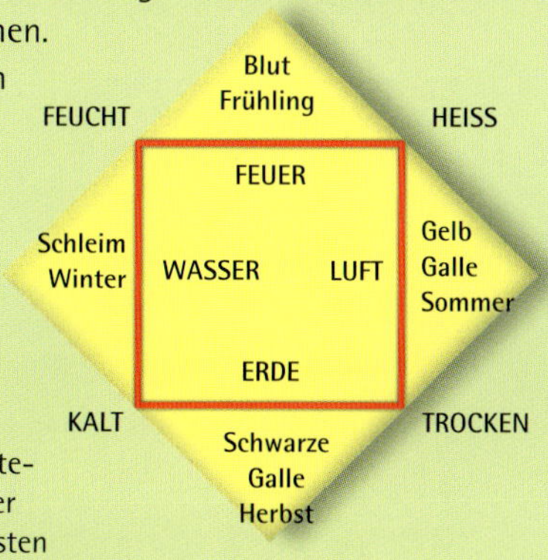

Die vier Säfte
Dem Philosophen Aristoteles zufolge waren die vier Körpersäfte bei den meisten Menschen ungleich verteilt, was den Charakter entsprechend prägte. Ein Überschuss an Galle etwa könne zu schlechter Laune und Jähzorn führen.

Eibisch
gegen Magenverstimmung

Ysop
gegen Brustfellentzündung

Schafgarbe
Blut stillend

In früher Zeit glaubten die Griechen, dass der Gott Äskulap ihnen bei Krankheiten helfe. Hippokrates verordnete als einer der Ersten Heilkräuter. Er unterteilte die Pflanzen in vier Klassen, je nach heißen, trockenen, kalten oder feuchten Eigenschaften.

335 v. Chr. gründete er in Athen das Lykeion, eine Philosophenschule, die von Schülern aus ganz Griechenland besucht wurde.

Philosophen wie Sokrates, Platon und Aristoteles standen für einen neuen geistigen Aufschwung der Stadt und festigten Athens Ruf als kulturelles Zentrum Griechenlands. Zwar hatte Athen seine politische Vormachtstellung eingebüßt, doch seinen Einfluss hatte es nicht verloren.

DIE SCHULE VON ATHEN
Auf dieser Wandmalerei von Raffael sieht man Platon und Aristoteles vor Zuhörern diskutieren. Die beiden einflussreichsten Philosophen Athens erlebten einen kulturellen Aufschwung der Stadt.

KAPITEL ZEHN

Alexander der Große

Im 4. Jahrhundert v. Chr. zeichnete sich an der griechischen Nordgrenze eine neue Gefahr ab. Im benachbarten Makedonien kam Philipp II. an die Macht, der ganz Griechenland erobern wollte.

Die Kriege zwischen den griechischen Stadtstaaten hatten diese geschwächt. Dennoch sahen sie in Philipp zunächst keine Bedrohung. Die Makedonier waren zwar griechischer Abstammung, doch galten sie in Griechenland als arm und rückständig. Anders als in den Stadtstaaten regierte in Makedonien ein König. In der makedonischen Ebene, wo die Macht des Königs am größten war, sprachen die Menschen Griechisch. In den Bergen Makedoniens lebten anderssprachige Kriegerstämme.

Philipps erste Errungenschaft war die Vereinigung der Makedonier. Aus den Kriegern der Bergregion formte er eine Armee, die unter seinem Befehl stand. Die Makedonier kannten bisher nur den Kampf zu Pferd.

◀ **Ein römisches Mosaik zeigt Dareios III. in der Schlacht von Issos.**

Nun brachte Philipp ihnen auch bei, wie griechische Hopliten zu Fuß zu kämpfen. Er versorgte sie außerdem mit starken Rüstungen und Speeren. Der makedonische Speer war eine gefährliche Waffe, weil er doppelt so lang war wie der griechische. Sobald ihn alle Makedonier als Herrscher anerkannten, eroberte Philipp das östlich gelegene Thrakien. Damit war sein Ehrgeiz jedoch nicht gestillt. Er wollte Oberhaupt aller Griechen sein und Makedonien mit den griechischen Stadtstaaten gleichstellen.

PHILIPP VON MAKEDONIEN
Philipp war ein geschickter und ehrgeiziger König. Zu Beginn seiner Herrschaft regierte er ein kleines, von Feinden umgebenes Reich. Am Ende unterstand ihm ganz Griechenland.

Dazu musste er zunächst dem übrigen Griechenland seine Herrschaft aufzwingen. Viele Griechen misstrauten ihm und fürchteten um die Unabhängigkeit ihrer Stadtstaaten. Andere wünschten sich von ihm positive Veränderungen. Vermutlich bestach Philipp einige Oberhäupter. Doch glaubten insgesamt nicht wenige, dass Philipp die Stadtstaaten vereinen und gegen Persien in die Schlacht führen könnte. Im Falle eines Sieges würde ganz Griechenland Philipp als Helden feiern.

KRIEGER AUF JAGD
In den Wäldern Makedoniens gab es viele Wildschweine. Ein Krieger durfte erst dann mit den anderen Männern essen, wenn er eines dieser gefährlichen Tiere erlegt hatte.

Die Nachbargebiete Makedoniens waren Philipp besser gesonnen als entferntere Stadtstaaten. Sein Ruf als mutiger und rücksichtsloser Feldherr eilte ihm voraus und so stieß er in Zentralgriechenland auf keinen nennenswerten Widerstand. Einige Politiker Athens zeigten sich weniger beeindruckt. Doch ein Athener Staatsmann wies darauf hin, dass Philipp für die Eroberung Thrakiens den Verlust eines Auges, einen Schulterbruch und weitere schwere Verletzungen in Kauf genommen hatte. Obgleich Philipp oft durch Diplomatie siegte, war er immer auch zum Kampf bereit.

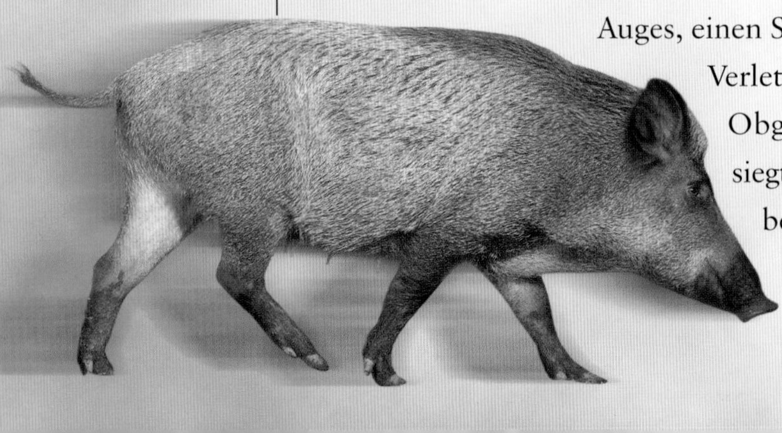

Als Philipps Macht über Griechenland wuchs, beschlossen die Athener und Thebaner sich ihm entgegenzustellen. 338 v. Chr. kam es im Herrschaftsgebiet von Theben bei Chaironeia zur Schlacht. Der Sieg des Makedoniers schien das Schicksal der griechischen Stadtstaaten zu besiegeln. Philipp berief Vertreter aus allen griechischen Städten zu einer Versammlung in Korinth ein. Er zwang sie, mit ihm den so genannten Korinthischen Bund einzugehen, zu dessen Oberhaupt er sich ernannte.

Daraufhin verkündete Philipp, er werde Persien den Krieg erklären. Er wollte die Perser für ihren Eroberungsfeldzug unter Xerxes strafen, bei dem sie 150 Jahre zuvor griechische Tempel zerstört hatten. Doch bevor er seinen Plan umsetzen konnte, wurde Philipp am Hochzeitsfest seiner Tochter ermordet. Sein Mörder blieb unbekannt, möglicherweise war aber seine frühere Frau Olympias an dem Anschlag beteiligt.

Philipp erhielt ein Heldenbegräbnis im Stil der homerischen Dichtung. Seine Asche wickelte man in ein Purpurtuch und legte dieses in eine Goldurne, eine *larnax*. Die Urne wurde in einen Marmorsarkophag gestellt. Kunstvoll gearbeitete

ALEXANDERS LEHRER ARISTOTELES

Philipp schätzte die Kultur und Gelehrsamkeit der Athener. Er überredete den bekannten Philosophen Aristoteles dazu, nach Makedonien zu kommen und seinen 13-jährigen Sohn Alexander zu unterrichten. Aristoteles war sowohl in den Naturwissenschaften als auch in der Politik bewandert. Bald teilte Alexander seine Wissbegierde für die Natur.

Rüstungen, Gefäße aus Gold und Silber und andere Kostbarkeiten schmückten die unterirdische Grabkammer. Über der Kammer häufte man Erde zu einem 15 m hohen Hügel an.

Philipp hinterließ ein bedeutendes Vermächtnis – seinen Sohn Alexander den Großen. Nach Philipps Tod versuchten die griechischen Stadtstaaten sich gegen Makedonien zu erheben, doch hatten sie die Entschlossenheit Alexanders unterschätzt. Als dieser 336 v. Chr. den Thron bestieg, war er kaum 20 Jahre alt. Aber er besaß nicht nur den Mut und die Tatkraft eines jungen Mannes, sondern auch den Verstand und das Urteilsvermögen eines alten.

Alexander marschierte mit seiner Armee in Zentralgriechenland ein und machte dem Aufstand ohne größeres Blutvergießen ein Ende.

OLYMPIAS

Philipp hatte mehrere Frauen, doch nur eine davon war Königin: Olympias, die Mutter Alexanders. Sie war auf ihre Rivalinnen eifersüchtig. Nach Philipps Tod ermordete sie seine letzte Ehefrau und deren Tochter.

Anschließend wehrte er einen Angriff an der makedonischen Nordgrenze ab, kehrte aber sofort zurück, als Theben sich wieder erhob. Er schlug sein Lager vor der thebanischen Stadtmauer auf. Da die Bewohner sich nicht ergeben wollten, stürmten Alexanders Soldaten die Stadt. Sie zerstörten alle Gebäude und verkauften die Thebaner in die Sklaverei. Die Stadt wurde dem Erdboden gleichgemacht. Auf diese Weise gelang es Alexander, den Griechen seine Macht vorzuführen und die anderen Stadtstaaten zur Unterwerfung zu zwingen.

GRABBEIGABEN
Dieser mit Löwenköpfen besetzte Brustpanzer ist Teil einer prächtigen Rüstung, die Philipp mit ins Grab gelegt wurde. Außerdem fand man einen goldenen Köcher und vergoldete Beinschienen.

Nachdem er Griechenland erobert hatte, machte sich Alexander daran, den von seinem Vater geplanten Feldzug nach Persien in die Tat umzusetzen. Er zeigte darin großen Ehrgeiz. Vor dem Abmarsch der Truppen verkaufte er einen Großteil seines Eigentums und seiner Ländereien. Auf die Frage, was ihm nun noch bliebe, antwortete Alexander: »Meine Hoffnungen.«

334 v. Chr. führte Alexander sein 37000 Soldaten starkes Heer über den Hellespont nach Asien. In der Nähe des sagenumwobenen Troja schleuderte er zum Zeichen seines Eroberungswillens einen Speer in die Erde und schwor der Kriegsgöttin Athene Treue. Damit erklärte er sich zum Nachfolger

GRAB EINES KRIEGERKÖNIGS
1977 entdeckten Archäologen bei Vergina in Makedonien ein Grab, das Philipp II. gehört haben könnte. Im Unterschied zu anderen antiken Gräbern war es nie geplündert worden. Die kostbaren Beigaben standen noch dort, wo man sie 336 v.Chr. hingestellt hatte.

Thebens Sturz

Die Stadt Theben lag nordwestlich von Athen mitten in Böotien. Das von den Mykenern gegründete »siebentorige Theben« war alt und mächtig. Ursprünglich hieß es Kadmeia (nach Kadmos, seinem sagenhaften Gründer und ersten König). Im Peloponnesischen Krieg verbündeten sich die Thebaner mit Sparta gegen Athen. 371 v. Chr. siegte Theben bei Leuktra über Sparta und stieg für kurze Zeit zum mächtigsten Stadtstaat auf. Ein Aufstand der Thebaner veranlasste Alexander 336 v. Chr. die Stadt anzugreifen und zu zerstören. 315 v. Chr. wurde sie wieder aufgebaut, erlangte aber nie wieder ihre frühere Größe.

Die Zerstörung Thebens

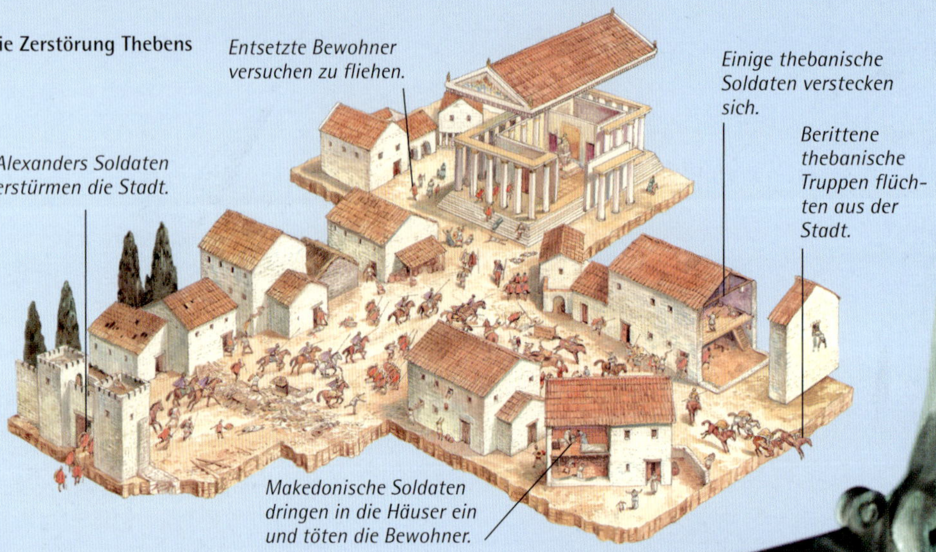

jener griechischen Helden, die Troja besiegt hatten. Achill und andere Helden der Vorzeit waren Alexanders Vorbilder. Angeblich schlief er stets mit einer Ausgabe von Homers *Ilias* unter dem Kopfkissen, um sich von den großen Heldentaten inspirieren zu lassen.

Die Perser reagierten zögerlich auf Alexanders Angriff. Die Größe ihres Reiches erschwerte eine schnelle Verschiebung der Truppen. Die Satrapen, Statthalter der einzelnen

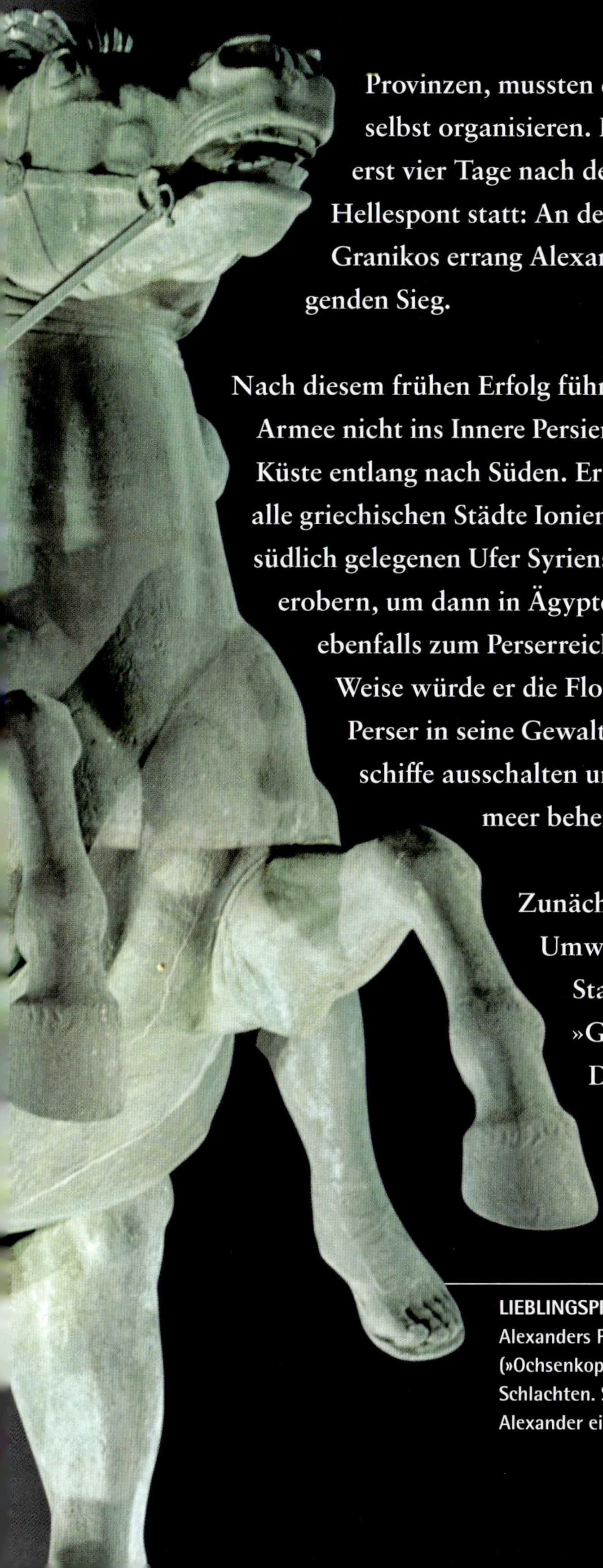

Provinzen, mussten den Widerstand selbst organisieren. Die erste Schlacht fand erst vier Tage nach der Überquerung des Hellespont statt: An der Mündung des Flusses Granikos errang Alexander einen überzeugenden Sieg.

Nach diesem frühen Erfolg führte Alexander seine Armee nicht ins Innere Persiens, sondern an der Küste entlang nach Süden. Er befreite nacheinander alle griechischen Städte Ioniens. Nun wollte er die südlich gelegenen Ufer Syriens und Palästinas erobern, um dann in Ägypten einzufallen, das ebenfalls zum Perserreich gehörte. Auf diese Weise würde er die Flottenstützpunkte der Perser in seine Gewalt bringen, ihre Kriegsschiffe ausschalten und das östliche Mittelmeer beherrschen.

Zunächst aber machte er einen Umweg über Gordion, die Stadt des berühmten »Gordischen Knotens«. Dem Orakel nach sollte jener, der den Knoten löste, die Herrschaft über Asien erringen.

LIEBLINGSPFERD
Alexanders Pferd namens Bukephalos (»Ochsenkopf«) trug ihn in vielen Schlachten. Später benannte Alexander eine Stadt nach dem Tier.

HERAKLES
Philipp von Makedonien behauptete, er stamme vom berühmten Zeussohn und Helden Herakles ab. Obwohl Herakles angeblich in Theben geboren war, hasste Alexander diese Stadt und zerstörte sie erbarmungslos.

Ohne lange zu zögern, zog Alexander sein Schwert und hieb den Knoten entzwei. Nun stand ihm die Welt offen. In den folgenden elf Jahren sollte er ein Gebiet nach dem anderen erobern.

Inzwischen hatte Dareios III., König von Persien, sein Heer versammelt und

PERSISCHE STATTHALTER
Das Relief zeigt einen Satrapen, den Statthalter einer persischen Provinz. Satrapen wurden vom persischen König ernannt. Sie trieben Steuern ein und beaufsichtigten die örtlichen Beamten. Unter Dareios gab es 20 bis 28 Satrapen. Um Machtmissbrauch zu vermeiden, wurden sie von Beamten überwacht, die direkt dem König unterstanden.

zog den Griechen hinterher. Die Begegnung fand im Norden Syriens an einem Ort namens Issos statt. Alexander kämpfte stets inmitten seiner Männer und gab mit seinem leuchtenden Umhang, dem federgeschmückten Helm und der glänzenden Rüstung ein leichtes Ziel ab. Von den zahlreichen Verwundungen hatte er am ganzen Körper Narben. In der Schlacht von Issos gelang es ihm, in die Mitte der persischen Armee vorzudringen und Dareios' Streitwagen in die Flucht zu schlagen.

Auf der Flucht ließ Dareios nicht nur sein Heer zurück, sondern auch seine Familie, die ihn nach alter Sitte auf dem Feldzug begleitet hatte. Nun befanden sich seine Mutter, seine Frau und Kinder in Alexanders Gewalt. Um sie auszulösen, bot Dareios ihm einen

Friedensvertrag an, doch Alexander antwortete verächtlich: »Ich bin der Herr über Asien und deshalb musst du zu mir kommen.«

Alexander verfolgte Dareios aber nicht weiter, sondern marschierte nach Süden. Tyros, die größte Küstenstadt am Mittelmeer, konnte ihm acht Monate lang Widerstand leisten, bis er sie stürmen ließ. Alexander zeigte kein Erbarmen gegenüber den Besiegten: Tausende wurden getötet oder versklavt. Nun konnte seine Armee nahezu ungehindert weitermarschieren. Als er nach Ägypten kam, ergab sich der persische Satrap sofort. Die Ägypter feierten Alexander als Befreier. Er blieb sechs Monate bei ihnen und zur großen Freude der Einwohner ehrte er ihre Götter und lebte nach ägyptischem Brauch. Alexander besuchte das Orakel des Ammon in der ägyptischen

GORDISCHER KNOTEN
Dieses Gemälde zeigt Alexander beim Lösen des Gordischen Knotens. Dabei handelte es sich um ein Seil, das so vielfach und fest an einen Wagen geknotet war, dass niemand es zu lösen vermochte. Alexander durchschlug den Knoten einfach mit dem Schwert.

EWIGER RUHM
Dieses Mosaik zeigt Alexander kurz vor der Schlacht von Issos. Sein Feldzug gegen Persien sollte beweisen, dass er als Eroberer seinen Vater noch übertraf.

Oase Siwa. Wie Zeus in Griechenland war Ammon in Ägypten der höchste Gott. Die Priester des Orakels begrüßten den Feldherrn als »Sohn des Ammon«. Da er schon immer geglaubt hatte kein normaler Sterblicher zu sein, war Alexander tief beeindruckt. Er nahm den Titel des Pharao an und reihte sich damit in jene uralte ägyptische Herrscherlinie ein, der auch Tutanchamun und Ramses II. angehört hatten. Während seines Aufenthalts in Ägypten gründete Alexander die

Alexandria

Während seines Aufenthalts in Ägypten plante Alexander einen großen Hafen. Er bestimmte den Baugrund und nannte die neue Stadt Alexandria. Angeblich legte er einen Stadtplan aus Gerstenkörnern auf dem Boden aus und erschrak, als Vögel herbeiflogen und diese Körner fraßen. Aristander aber, ein weiser Mann aus seinem Gefolge, deutete das als gutes Vorzeichen und meinte, die neue Stadt werde viele Siedler anziehen. Er sollte Recht behalten. Unter Alexanders Nachfolgern wurde Alexandria zur größten Stadt der griechischen Welt, größer als Athen. Heute sind kaum noch Bauten aus Alexanders Zeit erhalten, doch ist Alexandria noch immer der wichtigste Hafen Ägyptens.

STATIRAS TOD
Kurz nach ihrer Gefangennahme durch Alexander starb Dareios' Gattin Statira bei einer Geburt. Alexander heiratete später ihre älteste Tochter, die ebenfalls Statira hieß.

Hafenstadt Alexandria, die zur größten Stadt der griechischen Welt werden sollte.

Bald darauf galt es, Dareios ein zweites Mal entgegenzutreten. Alexander zog mit seinen Soldaten nach Persien. Bei Gaugamela im Norden des heutigen Irak trafen die griechische und die persische Armee aufeinander. Mit einem Angriff auf das Zentrum der Perser zwang Alexander Dareios erneut zur Flucht. Er wurde von seinen Männern zum König von Asien erklärt und setzte den Marsch durch Persien fort.

Als Nächstes eroberte Alexander Babylon, einst Hauptstadt eines großen Reiches, das nun zu Persien gehörte. In Susa bemächtigte er sich des königlichen Schatzes und zog weiter nach Persepolis, der heiligen Stadt der Perser und dem Sitz ihrer Könige. Dort erteilte er seinen Soldaten die Erlaubnis, Tempel und Paläste zu plündern und anschließend alles niederzubrennen. Damit zeigte er, dass das Schicksal Persiens nun in seiner Hand lag.

Nach der Zerstörung der Stadt Persepolis nahm Alexander die Verfolgung des Dareios wieder auf. Mittlerweile hatten jedoch die Satrapen ihr Vertrauen in den persischen König verloren und wollten ihn stürzen. Bevor Alexander Dareios einholen konnte, wurde ihm die Nachricht überbracht, dass dieser von seinen eigenen Leuten getötet worden war. Alexander behandelte den toten Perserkönig mit der ihm gebührenden Hochachtung. Er ließ ihn in den Königsgräbern bei Persepolis bestatten. Mit dieser Ehrung seines verstorbenen Gegners

AMMON
Die ägyptischen Priester begrüßten Alexander als Sohn ihres höchsten Gottes Ammon. Diese Ammonstatue trägt eine Krone aus Gänsefedern. Neben ihr sitzt die Göttin Mut, Ammons Gefährtin.

ALEXANDERS FELDZÜGE
334 v. Chr. verließ Alexander die makedonische Hauptstadt Pella und eroberte innerhalb von zehn Jahren ein riesiges Gebiet. Die rote Linie zeigt seine Marschroute.

bekräftigte Alexander seinen Anspruch auf den persischen Thron.

Durch Dareios' Tod gewann Alexander an Macht und an Vermögen, da er über das reichste Land seiner Zeit herrschte. Von nun an trug er die Krone und die gestreifte Tunika der persischen Könige und zeigte sich nur gelegentlich noch in seinem

ALEXANDER IN INDIEN
Alexander siegte über den indischen Herrscher Poros, zu dessen Heer über 100 Elefanten gehörten. Dieses Gemälde zeigt Alexander vor dem besiegten Poros.

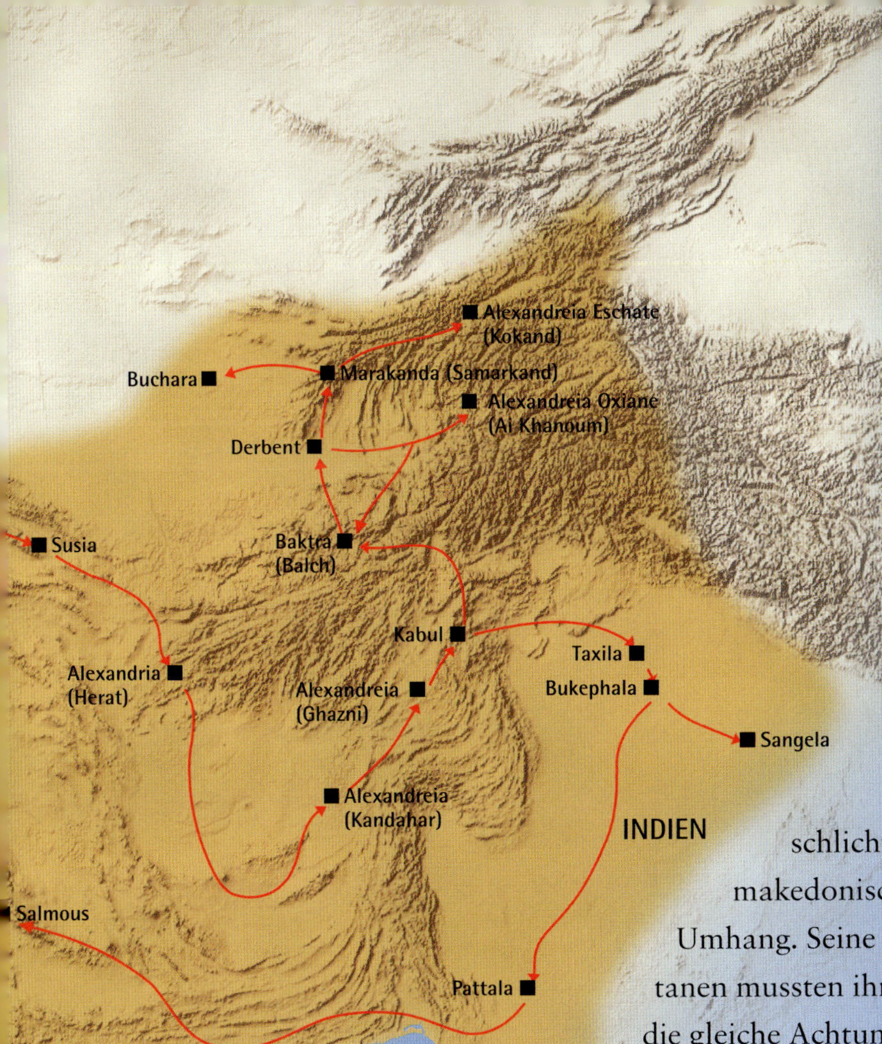

ISKANDER
Im Osten betrachteten viele Alexander als Helden. Hier wurde er Iskander genannt. Auf diesem persischen Bild sieht man ihn als muslimischen König mit seinen Truppen.

schlichten makedonischen Umhang. Seine Untertanen mussten ihm die gleiche Achtung entgegenbringen wie seinem Vorgänger Dareios.

Alexander war rastlos. Die makedonischen Soldaten glaubten, sie könnten nun nach Hause zurückkehren. Doch Alexander hatte ganz andere Pläne. Anstatt seinen Sieg zu genießen, wollte er neue Länder erobern. Drei Jahre lang führte er seine Armee immer weiter ins Innere Asiens und kreuz und quer durch die Gebirge Usbekistans und Afghanistans, wo er gegen die dort lebenden Völker kämpfte. 327 v. Chr. gelangte er ins nordwestliche Indien. Am Fluss Hydaspes (heute: Jhelum) besiegte er einen indischen König namens Poros.

Für diese fernen unbekannten Gegenden besaßen die Makedonier nicht einmal Karten. Die griechischen Geografen

GEDENKMÜNZE
Diese Silbermünze erinnert an Alexanders Sieg in Indien: Auf Bukephalos reitend greift er Poros auf seinem Elefanten an.

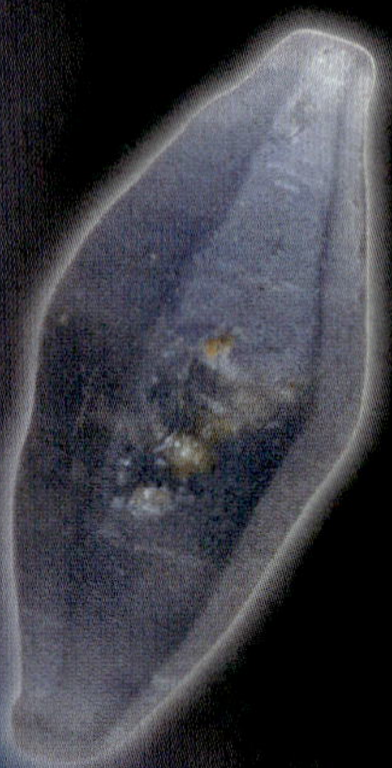

glaubten, die bekannte Welt sei von einem dunklen Strom umschlossen, den niemand überqueren könne. Alexander aber hörte nun von Ländern jenseits des Horizonts und träumte davon, auch sie zu erobern. Sein einziges Streben bestand darin, König der ganzen Welt zu werden. Doch seine makedonischen Soldaten wollten nicht mehr weitermarschieren. Sie sehnten sich nach ihrer Heimat, waren erschöpft und hatten Angst vor Ungeheuern und Zauberern, die angeblich in der Fremde lauerten. Außerdem scheuten ihre Pferde vor den indischen Elefanten. Alexander versuchte seine Truppen zum Weiterziehen zu bewegen, aber sie weigerten sich. Um das Gesicht zu wahren, behauptete er, ungünstige Vorzeichen hätten ihn zur Umkehr bewogen.

Im Sommer 325 v. Chr. verließ Alexander schließlich Indien, um nach Persien zurückzukehren. In den heißen Wüsten Südpersiens forderten

REICHTUM DES ORIENTS
Als seine Soldaten heimkehren wollten, erzählte Alexander ihnen von noch unentdeckten Schätzen. Sie sollten unbekannte Tiere am Leben lassen, so z. B. Pfauen, deren Federn er nach Griechenland sandte.

DAS ORAKEL VON SIWA
Das Foto zeigt die Ruinen des Ammon-Heiligtums im ägyptischen Siwa. Alexander wollte hier begraben werden. Niemand weiß, wo sein Grab sich tatsächlich befindet.

Hunger und Durst mehr Opfer unter den Soldaten als alle bisherigen Schlachten. Doch endlich erreichten sie Babylon. Zehn Jahre hatten Alexander und seine Makedonier nun ihre Heimat nicht mehr gesehen.

Seit seinem Besuch beim Orakel von Siwa fühlte Alexander sich normalen Menschen überlegen. Angesichts seiner Errungenschaften lag es nahe, dass er sich für einen Gott hielt. Die 13 Jahre seiner Herrschaft hatte er Krieg um Krieg geführt. Auf der einen Seite hatte er die Macht der griechischen Stadtstaaten für immer zerstört, auf der anderen aber in Asien viele Stadtstaaten nach griechischem Vorbild geschaffen. Insgesamt soll er ungefähr 70 Städte gegründet haben, mindestens 13 von ihnen hießen ihm zu Ehren Alexandria. Dort ließ er makedonische und griechische Soldaten zurück, die so die griechische Kultur in Westasien verbreiteten. Im Wesentlichen war es also Alexander zu verdanken, dass der Ruhm Griechenlands fortbestand.

BERÜHMTES GESICHT
Während seiner Regierungszeit ließ Alexander sein Abbild auf tausende von Münzen prägen. Da er über ein riesiges Reich herrschte, kannte bald jeder von Ägypten bis Indien dieses Gesicht.

KAPITEL ELF

Das *Erbe* Griechenlands

323 v. Chr. starb der nur 32-jährige Alexander in Babylon an einem Fieber. Er hatte das gewaltigste Reich der antiken Welt geschaffen. Doch war es zu groß, um von einem Einzelnen regiert zu werden. Da Alexander keine Erben hinterließ, stritten seine Generäle um die Macht.

DIE PERSISCHE PRINZESSIN Rhoxane, Alexanders Ehefrau, gebar ihm erst nach seinem Tod einen Sohn. Dieser bekam ebenso wenig wie Alexanders Halbbruder Arrhidaeus je die Gelegenheit, den Thron zu besteigen. Denn während des Machtkampfes, der auf Alexanders Tod folgte, wurden seine Ehefrau, seine Mutter, sein Sohn und der Halbbruder ermordet. Alexanders Generäle kämpften um die Herrschaft, bis das große Reich 281 v. Chr. in drei Teile zerfallen war. Jedes dieser drei Königreiche wurde nun von einer Familie regiert.

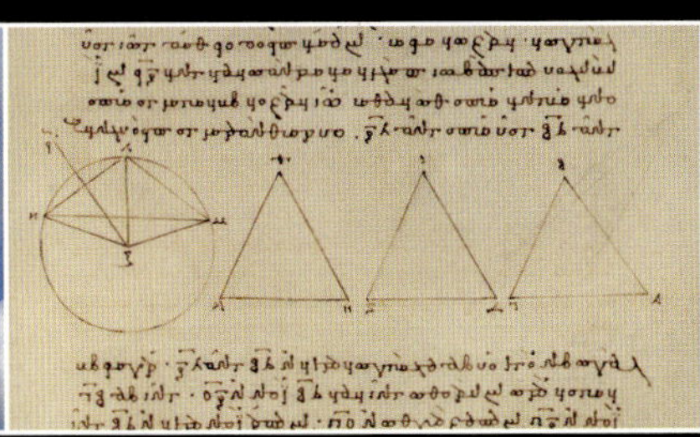

Den Löwenanteil sicherte sich Seleukos, ein ehrgeiziger Feldherr, der den Beinamen »der Eroberer« trug. Das Seleukidenreich erstreckte sich über die heutigen Staaten

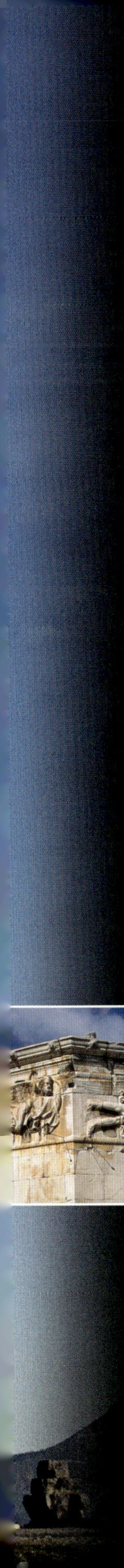

◄ Apolltempel in Korinth

Türkei, Irak, Syrien und Iran. Ein General namens Ptolemaios übernahm Ägypten, wo seine Nachfahren, die Ptolemäer, die Pharaonen nachahmten. Die Antigoniden, Nachkommen von Alexanders General Antigonos, herrschten über Makedonien und Nordgriechenland. In allen drei Reichen wurde die griechische Kultur gepflegt. Griechisch war die allgemeine Amts- und Handelssprache. Die Epoche nach Alexanders Tod heißt auch »Hellenistisches Zeitalter«, abgeleitet von *hellene* (»Grieche«).

KAMPFERPROBTER PHARAO
Ptolemaios arbeitete sich in der makedonischen Armee bis zum Rang eines Oberbefehlshabers hoch. Nach Alexanders Tod ergriff er die Macht über Ägypten und gründete die letzte Pharaonendynastie, die Ptolemäer, die hier von 305 bis 30 v. Chr. herrschten.

Zahlreiche griechische Städte nutzten das Chaos nach Alexanders Tod, um sich gegen die Makedonier zu erheben. Seit Philipp II. unterstanden die Stadtstaaten im Korinthischen Bund der makedonischen Herrschaft. Unter der Führung Athens erhoben sich die griechischen Städte im so genannten Lamischen Krieg, der bald mit einer schweren Niederlage Athens endete. Die athenischen Anführer wurden hingerichtet und ihre Demokratie abgeschafft. Von nun an regierten Oligarchen die Stadt. Andere griechische Städte unterstanden makedonischen Herrschern, den Nachfahren der Feldherrn Alexan-

NILLANDSCHAFT
Dieses Mosaik stellt das geschäftige Leben dar, das zur Zeit der Ptolemäer am Nil herrschte. Im Fluss tummeln sich Krokodile und Nilpferde, an seinem Ufer stehen Tempel und Paläste.

ders. Gelegentliche Aufstände in Athen oder Sparta wurden rasch niedergeschlagen. Um die Bevölkerung für sich einzunehmen, ließen die Könige Tempel und öffentliche Gebäude errichten oder schenkten den Bewohnern Getreide und Bauholz. Die einstige politische und kulturelle Größe Athens konnte aber nicht einfach untergehen. Auch im Hellenistischen Zeitalter erlebte das Athener Theater eine Blütezeit und die philosophischen Schulen der Stadt prägten weiterhin das griechische Denken.

Im 3. Jahrhundert v. Chr. entstanden in Athen zwei gegensätzliche philosophische Schulen, die der Stoiker und die der Epikuräer. Die Stoiker hießen so, weil ihr Begründer Zenon seine Reden in der *stoa* hielt, dem Säulengang am Athener Marktplatz. Sie glaubten, dass man während seines Lebens mit Geduld und Selbstdisziplin nach Tugend streben solle. Glück wie Unglück müssten mit Gleichmut hingenommen werden. Selbst der Tod konnte ihrer Ansicht nach einen vernunftbegabten Menschen nicht ängstigen.

DER EROBERER
Seleukos war Statthalter von Babylon, als Alexander starb. Es gelang ihm, den größten Teil von Alexanders asiatischem Reich für sich zu beanspruchen. 281 v. Chr. wollte er auch Makedonien erobern, wurde aber unterwegs ermordet.

Der Philosoph Epikur rief die Schule der Epikuräer ins Leben. Für ihn stand das Vergnügen an erster Stelle. Doch verstand er unter Vergnügen vor allem einen Zustand der Ausgeglichenheit, in dem man weder Angst noch Sehnsucht oder andere

EIN LANGES LEBEN
Der Philosoph Zenon kam aus Zypern und war vermutlich Phönizier. In Athen begründete er die Schule der Stoiker. Er starb dort mit 98 Jahren.

starke Gefühle empfand. Er empfahl Mäßigung in allen Dingen und riet dazu Freundschaften zu pflegen und die eigene Zufriedenheit zu fördern.

Epikur glaubte auch, dass die gesamte Welt aus Atomen zusammengesetzt sei. Das griechische Wort *atomos* bedeutet »unteilbar«. In Epikurs Augen waren Atome unvorstellbar kleine Teilchen, die weder geteilt noch verändert werden konnten. Er war nicht der Erste, der sich mit dieser Idee beschäftigte, doch er formte sie weiter aus als frühere Denker. Die Grundlage unserer modernen Atomphysik wurde somit schon vor langer Zeit im alten Griechenland gelegt.

In der hellenistischen Welt schätzte man die Gelehrsamkeit. Griechische Denker erforschten die Natur und befassten sich mit Geometrie und Arithmetik, Geografie, Astronomie und Technik. Der Mathematiker Eratosthenes berechnete nahezu fehlerfrei den Erdumfang. Astronomen beobachteten die Umlaufbahnen der Planeten und versuchten ihre Bewegung zu erklären. Aber wie Aristoteles vor ihnen dachten sie, dass die Erde der Mittel-

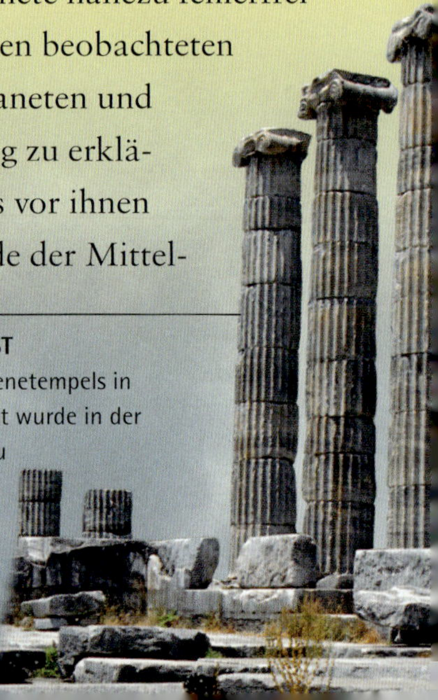

HELLENISTISCHE BAUKUNST
Dies sind die Ruinen des Athenetempels in Priene. Die alte ionische Stadt wurde in der hellenistischen Zeit völlig neu aufgebaut.

punkt des Weltalls sei. Niemand glaubte dem griechischen Astronomen Aristarchos von Samos, als dieser behauptete, die Erde drehe sich um ihre Achse und bewege sich rund um die Sonne. Erst im 15. Jahrhundert n. Chr. wurde die Wahrheit seiner Behauptung bewiesen.

Euklid und Archimedes, zwei herausragende Naturwissenschaftler, lebten ebenfalls im Hellenistischen Zeitalter. Euklid, der Ende des 3. Jahrhunderts in Alexandria wohnte, eröffnete der Geometrie durch sein Verständnis des dreidimensionalen Raums neue Perspektiven. Sein wichtigstes Werk heißt *Die Elemente*. Als Einführung in die Mathematik wurde es im Schulunterricht bis ins 20. Jahrhundert verwendet.

Archimedes gelangen in der Mathematik und der Mechanik wichtige Entdeckungen. Einmal soll er die Lösung eines Problems beim Steigen in die Badewanne gefunden haben: Er begriff, dass er das Volumen eines Körpers berechnen konnte, indem er ihn in Wasser tauchte und die verdrängte Wassermenge maß. Vor Freude rannte er nackt auf die Straße und rief:

GARTENPHILOSOPH
Epikurs Schule in Athen nannte man auch »der Garten«. Epikur war der einzige Athener Philosoph, dem auch Frauen und Sklaven zuhören durften.

SCHRAUBE DES ARCHIMEDES
Auf diesem Relief bedient ein Ägypter eine Pumpe, die Archimedes erfunden haben soll. Durch Drehen einer Schraube wurde Nilwasser auf die Felder geleitet.

»Heureka!«, das heißt: »Ich hab's gefunden!«. Archimedes bewies auch, wie leicht man schwere Körper mithilfe eines Hebels bewegen kann. Er soll gesagt haben: »Gebt mir einen festen Punkt und ich werde die Erde aus den Angeln heben.«

An den hellenistischen Königshöfen und in den neuen Hauptstädten sprach man Griechisch. Griechische Beamte wurden für die Verwaltung eingesetzt. Die Könige stellten mit Prachtbauten und Kunstwerken ihren großen Reichtum zur Schau. Bildhauerarbeiten dieser Zeit waren wesentlich größer als im Klassischen Zeitalter im 5. und 4. Jahrhundert v. Chr. Außer Relieffiguren gab es nun auch viele freistehende Standbilder. Nicht nur Götter und Göttinnen dienten den Bildhauern als Vorbild, sondern auch Tiere, Kinder oder alte und sterbende Menschen. Die Künstler versuchten in Gesichtsausdruck und Gestik ihrer Statuen starke Gefühlsregungen festzuhalten. Zu dieser Zeit entstanden auch die ersten griechischen Romane und Biografien, die ein neues Interesse für den Einzelmenschen und sein Schicksal widerspiegelten.

Die Städte der hellenistischen Welt waren im Stil griechischer Stadtstaaten aufgebaut. Tempel und öffentliche Gebäude säumten die *agora*, den Marktplatz. Die neuen Stadtstaaten in Asien schienen vor

TURM DER WINDE
Die acht Seiten dieses Athener Turms sind mit Reliefs verziert, auf denen die verschiedenen Winde abgebildet sind. Das ungewöhnliche Gebäude beherbergt eine Wasseruhr. Auf dem Dach wehte ursprünglich eine Wetterfahne.

allem das *gymnasion* hoch zu schätzen. Hier erhielten die Jungen Unterricht und übten für die verschiedenen Feste und Wettbewerbe, die im griechischen Leben so wichtig waren. Sogar in Ai Khanoum, einem Ort über 4800 km von Griechenland entfernt an der Grenze zwischen Tadschikistan und Afghanistan, entdeckten Archäologen ein *gymnasion*. Hier hatte Alexander einst die Stadt Alexandreia Oxiana gegründet, den entlegensten Außenposten der griechischen Kultur. Selbst so weit von ihrer Heimat entfernt fanden die Griechen damals eine vertraute Umgebung vor.

Die größte Stadt der hellenistischen Welt war Alexandria an der ägyptischen Küste. Sie war die erste von Alexander gegründete Stadt und hatte auch als Erste seinen Namen erhalten. Obwohl die Ptolemäer als Pharaonen herrschten, vergaßen sie ihre makedonisch-griechische Herkunft nie. Sie machten Alexandria zu ihrer Hauptstadt. Menschen aus der gesamten griechischen Welt ließen sich hier nieder. Die Ptolemäer schenkten Alexandria zahlreiche schöne Bauwerke und Monumente, darunter den Leuchtturm von Pharos, der gut 130 m hoch war und zu den sieben Weltwundern der Antike zählte. Er entstand 279 v. Chr. und überdauerte mehr als tausend Jahre.

EUKLIDS BUCH
Dies ist eine Seite aus Euklids Buch *Die Elemente*, einem 13-bändigen Werk über Geometrie. In ihm fasste Euklid auch die Lehren früherer Mathematiker zusammen.

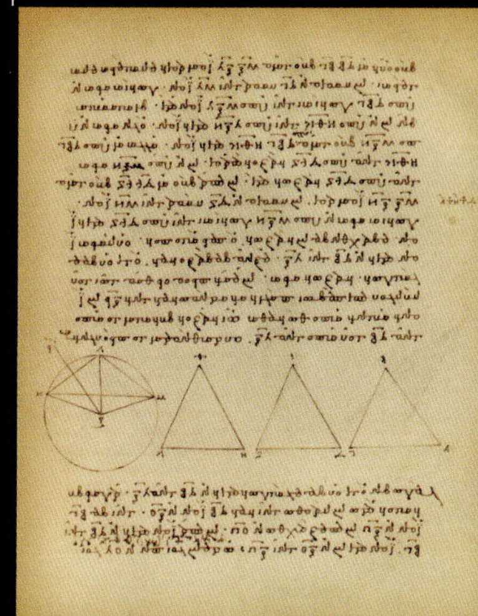

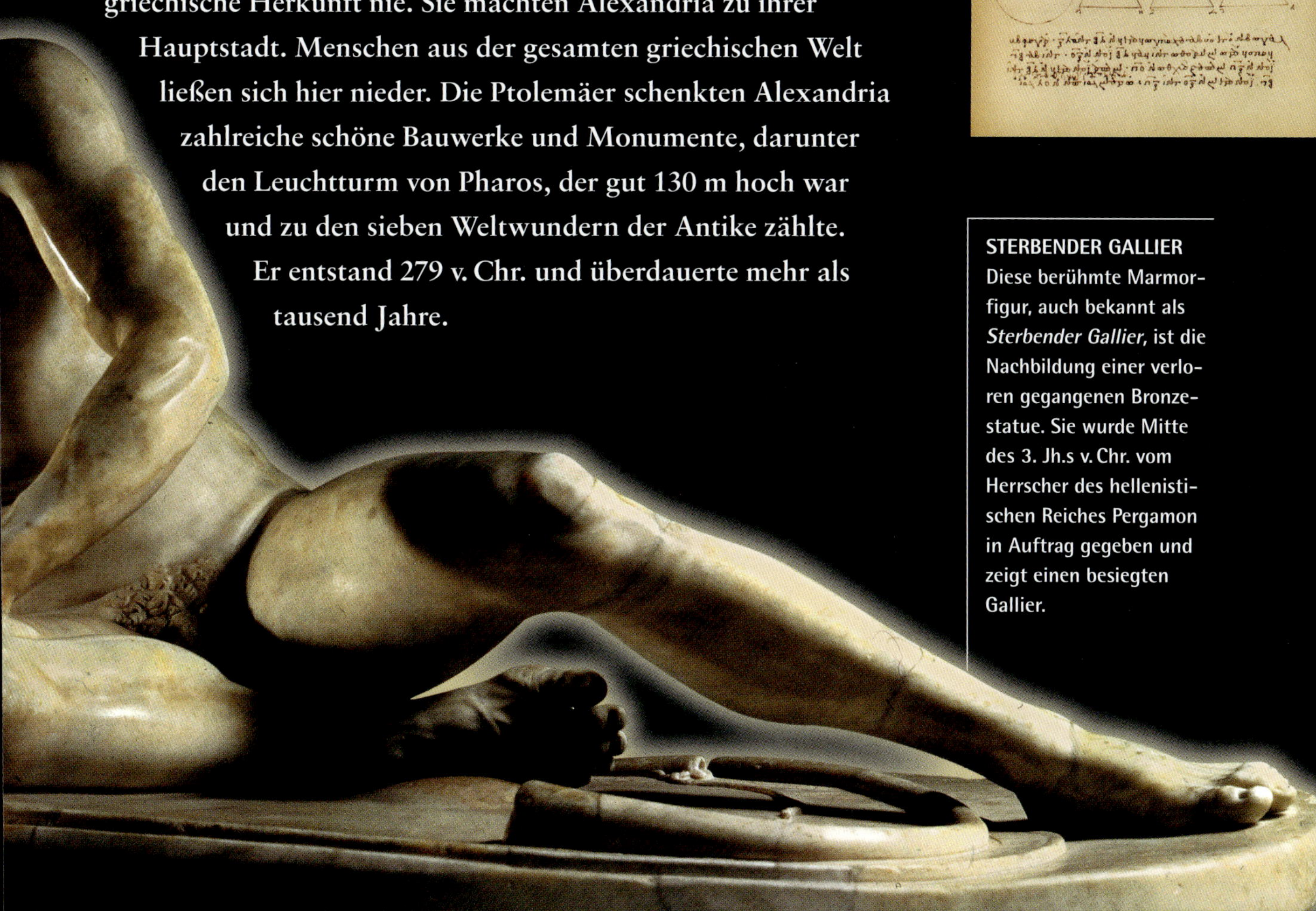

STERBENDER GALLIER
Diese berühmte Marmorfigur, auch bekannt als *Sterbender Gallier*, ist die Nachbildung einer verloren gegangenen Bronzestatue. Sie wurde Mitte des 3. Jh.s v. Chr. vom Herrscher des hellenistischen Reiches Pergamon in Auftrag gegeben und zeigt einen besiegten Gallier.

SAGENUMWOBENE KÖNIGIN
Diese Münze zeigt Kleopatra von Ägypten. Sie war die bekannteste hellenistische Königin, berühmt für ihre Schönheit und Intelligenz.

PFERD UND REITER
Die Werke hellenistischer Künstler waren wirklichkeitsgetreuer als die ihrer Vorgänger. Diese Bronzestatue fand man auf dem Meeresgrund in einem alten Schiffswrack.

Das bedeutendste Gebäude Alexandrias war eine Bibliothek, in der man alle bislang auf griechisch geschriebenen Bücher sammeln wollte. Dafür wurde angeblich jedes im Hafen einlaufende Schiff nach brauchbaren Schriften durchsucht. Neben der Bibliothek stand ein Haus, in dem Wissenschaftler ihren Studien nachgehen konnten. Es wurde Museum genannt, »Ort der Musen«, nach den neun Schutzgöttinnen der Künste. Mit seiner Bibliothek und dem Museum stieg Alexandria neben Athen zu einem weiteren Zentrum griechischer Gelehrsamkeit auf. Der Mathematiker Euklid lehrte hier und Eratosthenes, der den Erdumfang berechnet hatte, leitete die Bibliothek.

Das Hellenistische Zeitalter dauerte beinahe zwei Jahrhunderte lang. Dann fielen die Römer in den östlichen Mittelmeerraum ein und eroberten ein hellenistisches Gebiet nach dem anderen. Makedonien wurde 148 v. Chr. von den Römern eingenommen und Südgriechenland ergab sich zusammen mit Athen zwei Jahre später. 31 v. Chr. fiel Ägypten durch den Tod seiner Königin Kleopatra ebenfalls den Römern zu.

SPORTPLATZ
Die Ringkampfarena von Salamis auf Zypern lag inmitten eines überdachten hellenistischen *gymnasion*, das später von den Römern erweitert wurde.

Die Römer übernahmen die Kunst, die Architektur, die Philosophie und die Literatur der Griechen. Sie verbreiteten griechische Ideen und griechische Gelehrsamkeit in ihrem gesamten Reich. Als das Römische Reich unterging, hielten Gelehrte in allen Teilen Europas die griechische Kultur am Leben und ließen sie zu einem Bestandteil der europäischen Weltanschauung werden. Und so überlebten Ideen, die vor 2500 Jahren in einem kleinen griechischen Stadtstaat aufkamen, bis zum heutigen Tag. Griechische Errungenschaften wie Demokratie und klassische Kunst wurden Teil der modernen Weltkultur. Dies ist das Erbe Griechenlands.

GRIECHENLANDS RUHM
Diese korinthische Säule stand im Tempel von Kastor und Pollux in Rom. Hellenistische Kunst und Architektur beeinflussten die Römer stark. Viele ihrer Bauten entstanden nach griechischem Vorbild. So hinterließen die Griechen zahlreiche Zeugnisse in Stein, die bis heute überall zu sehen sind.

Anhang

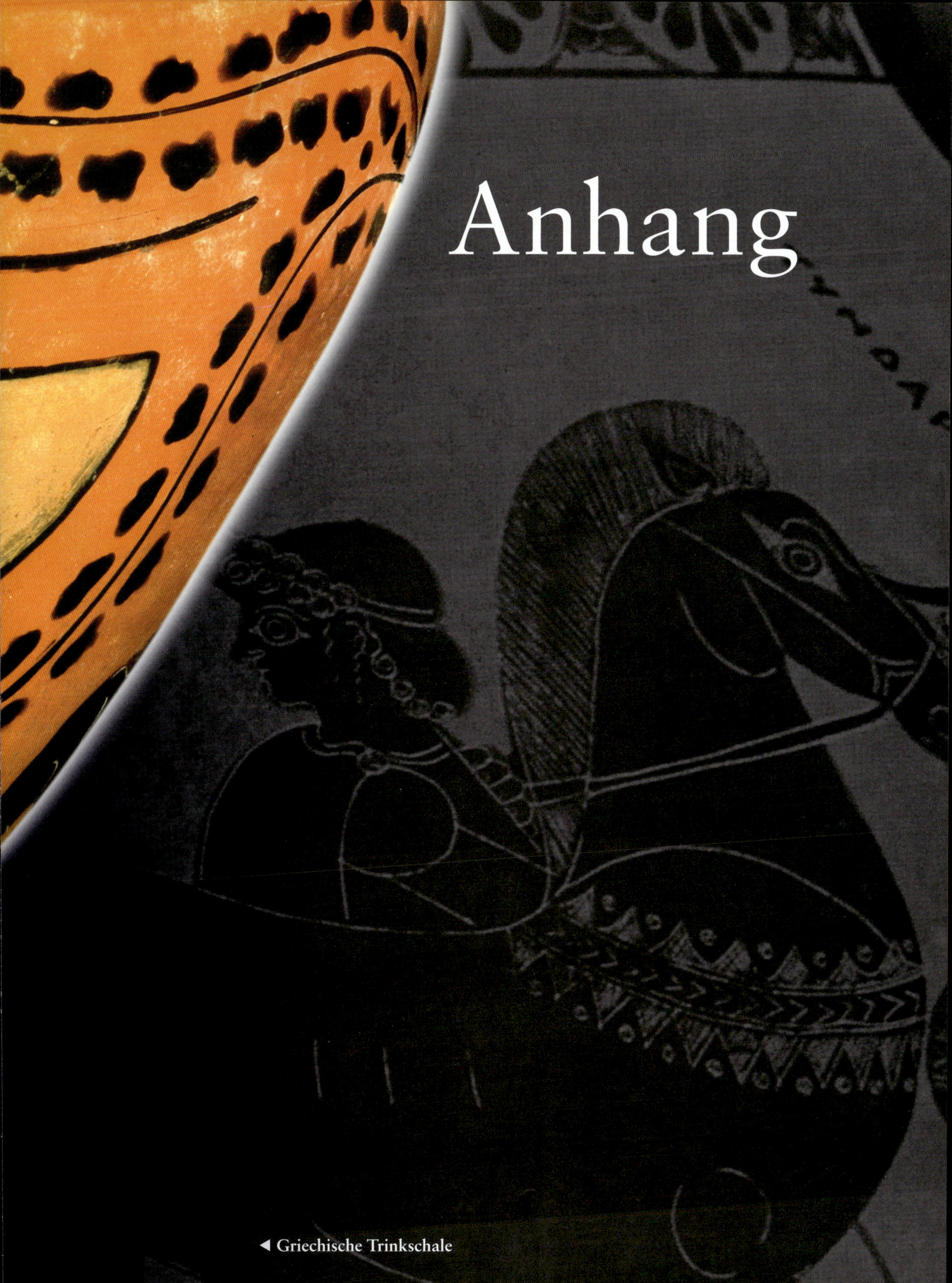

◄ Griechische Trinkschale

Spurensuche

OBWOHL DIE BLÜTEZEIT der griechischen Kultur schon über 2000 Jahre zurückliegt, wissen wir doch einiges darüber. Das verdanken wir den zahlreichen Kunstwerken, Gebäuden und Gebrauchsgegenständen, die bei Ausgrabungen gefunden wurden. Aufgrund dieser Fundstücke aus antiken Städten, Palästen und Gräbern können wir uns vorstellen, wie die Griechen zu verschiedenen Zeiten lebten. Auch Werke griechischer Autoren, Töpferwaren und Wandbilder sind wertvolle Zeugnisse.

Töpferkunst

Archäologen fanden zahlreiche Töpferwaren aus verschiedenen Zeiträumen. Viele sind mit mythologischen Figuren oder Alltagsszenen verziert, die uns Auskunft über das damalige Leben geben. Forscher können das wahre Alter der Tongefäße feststellen, indem sie ein Verfahren namens Thermolumineszenz einsetzen. Damit erkennen sie, ob es sich um ein antikes Stück oder eine Fälschung handelt.

Krug mit Greifenkopf aus dem 7. Jh. v. Chr.

Schriftliche Quellen

Nur wenige griechische Schriften blieben im Original erhalten. Da aber die Römer im 2. Jh. v. Chr. vieles abschrieben, sind zahlreiche griechische Texte überliefert. Daneben geben uns Inschriften auf Münzen, Tontafeln, Gebäuden und Denkmälern Einblick in das damalige Leben. Unter anderem liefern sie auch die Lebensdaten von Königen oder Einzelheiten einer Schlacht.

Schrifttafeln in einer Werkstatt in Olympia

Gemälde und Fresken

Unsere Vorstellung vom alten Griechenland ist stark geprägt von den farbenfrohen Wandgemälden, die man Fresken nennt. Da sich die griechische Kultur auch außerhalb Griechenlands ausbreitete, fand man Fresken selbst in Spanien und Ägypten. Viele der antiken Wandbilder, die wir heute betrachten können, sind mittels noch vorhandener Bruchstücke wieder ganz hergestellt worden.

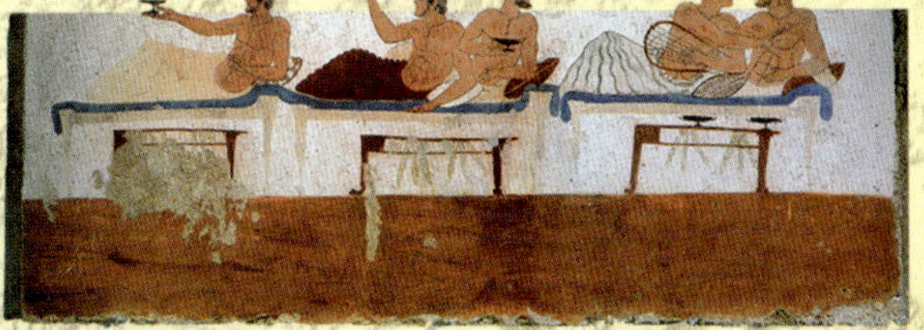

Gemälde auf einem Sarg in Paestum (Süditalien)

Philipps Gesicht

Die Leiche König Philipps II. von Makedonien wurde zwar verbrannt, doch es blieben genügend Schädelknochen erhalten, um sein Gesicht zu rekonstruieren. Auf einem Gipsabdruck des Schädels wurden Muskeln und Haut mithilfe von Ton nachgebildet. Den Bart formte man nach bekannten Porträts.

Nachbildung von Philipps Kopf

Archäologische Funde

Antike Stätten werden auf unterschiedliche Weise entdeckt: beim Studium historischer Dokumente, bei Bauarbeiten oder bei der Untersuchung von Bodenschichten. Auch Luftbildaufnahmen können den Verlauf alter Mauern und Gräben enthüllen. Bevor eine Grabung beginnt, wird ein Plan von dem Gebiet gezeichnet. Der genaue Fundort eines Gegenstands hilft Wissenschaftlern, sein Alter und seinen Zweck zu bestimmen.

Der Palast von Knossos wurde vom britischen Archäologen Sir Arthur Evans entdeckt.

Griechische Götter

DIE GRIECHEN VEREHRTEN ZAHLREICHE GÖTTER und Göttinnen. Sie glaubten, dass jede Gottheit für einen bestimmten Lebensbereich zuständig sei und dass alle Götter von Gaia, der Erde, und Uranos, dem Himmel, abstammten. Hier eine Liste der wichtigsten Gottheiten:

Eros

Aphrodite

Aphrodite
Die Liebesgöttin wurde aus Meeresschaum geboren und von den Westwinden nach Zypern gebracht. Obwohl sie mit Hephaistos verheiratet war, verliebte sie sich in den Kriegsgott Ares.

Apoll
Apoll, der Zwillingsbruder der Göttin Artemis, galt als Schutzgott der Künste, Sonnengott und Gott der Heilkunst. Sein Symbol war der Lorbeerbaum.

Ares
Dem Kriegsgott wurde Jähzorn nachgesagt. Eine brennende Fackel, ein Speer, Hunde und Geier waren seine Symbole.

Artemis
Die Göttin des Mondes und der Jagd wurde meist mit Bogen und Köcher dargestellt. Ihre Silberpfeile brachten den Tod, doch sie half auch gebärenden Frauen. Hirsche und Hunde waren ihre Symbole.

Dionysos

Äskulap
Der Gott der Heilkunst wurde von vielen Griechen in der Hoffnung auf Genesung verehrt.

Athene
Die Tochter des Zeus war Göttin der Weisheit und des Krieges sowie Schutzgöttin Athens. Ihre Symbole waren die Eule und der Olivenbaum.

Demeter
Die Göttin der Feldfrüchte und der Ernte hatte eine Tochter namens Persephone. Als diese vom Unterweltgott Hades entführt wurde, vernachlässigte Demeter ihre Pflichten, um sie zu suchen. Ihr Symbol war die Weizengarbe.

Dionysos
Der Gott des Weins, des Theaters und der Fruchtbarkeit war ein Sohn des Zeus und der Königstochter Semele. Dionysos führte mit seinen fröhlichen Gefährten ein wildes, ausgelassenes Leben. Die Griechen glaubten, er sterbe jedes Jahr und werde im Frühling neu geboren.

Eris
Diese Tochter des Zeus und der Hera war die rachsüchtige Göttin der Zwietracht.

Eros
Der Liebesgott schoss mit besonderen Pfeilen. Wer von ihnen getroffen wurde, verliebte sich. Als Eros sich aus Versehen selbst an einem seiner Pfeile ritzte, verliebte er sich in Psyche, eine Menschenfrau.

Hades
Der auch Pluto genannte Hades, Gott der Unterwelt, fuhr in einem goldenen Wagen und wachte eifersüchtig über die Toten. Er entführte Persephone und nahm sie zur Frau.

Hebe
Die Göttin der Jugend war auch Mundschenk der Götter. Sie heiratete den unsterblichen Helden Herakles.

Hephaistos
Der verkrüppelte Hephaistos, Gott des Feuers und der Handwerker, war Schmied und Ehemann der Aphrodite.

Hera
Die Gemahlin des Zeus beschützte die Ehe und die Frauen. Ihre Symbole waren der Pfau und der Granatapfel.

Hermes
Der Götterbote hatte Flügel an seinen Sandalen. Er und war der Schutzgott von Reisenden, Händlern und Dieben.

Hestia
Die kluge und freundliche Hestia war Göttin des heimischen Herds. Jede griechische Familie besaß einen ihr geweihten Schrein.

Pan
Der Sohn des Hermes war Gott der Schäfer und der Natur. Er liebte die Musik und zog gerne Flöte spielend durch Wald und Feld.

Persephone
Nachdem Hades sie entführt und zur Königin der Unterwelt gemacht hatte, verbrachte sie Herbst und Winter bei ihm, Frühling und Sommer dagegen auf der Erde bei ihrer Mutter Demeter. So entstanden die Jahreszeiten.

Poseidon
Der Gott des Meeres und der Erdbeben fuhr in einem goldenen Wagen und lebte in einem Palast unter Wasser. Er trug einen Dreizack.

Zeus
Der König der Götter herrschte über den Himmel und das Wetter. Er heiratete seine Schwester Hera, betrog sie aber ständig. Seine Symbole waren der Blitz, der Adler und die Eiche.

Berühmte Griechen

VOR ÜBER 2500 JAHREN schufen die Bewohner Griechenlands eine antike Hochkultur. Sie gelten als Erfinder der Politik, der Philosophie, des Theaters und der Geschichtswissenschaft. Hier eine Liste der berühmtesten Persönlichkeiten:

Hippokrates

Anaxagoras
(500-428 v. Chr.) Früher griechischer Philosoph, der als erster eine Sonnenfinsternis erklärte.

Archimedes
(um 282-212 v. Chr.) Mathematiker, der Wasserpumpe und Flaschenzug erfand.

Aristophanes
(um 450-um 383 v. Chr.) Autor von Komödien, darunter *Die Wespen, Die Vögel* und *Die Frösche.*

Aristoteles
(384-322 v. Chr.) Philosoph und Gründer der Schule Lykeion. Er gilt als Erfinder der Naturwissenschaften.

Aischylos
(525-456 v. Chr.) Autor von Tragödien. Am bekanntesten ist seine dreiteilige *Orestie*, die Geschichte von Agamemnons Familie.

Demosthenes
(382-322 v. Chr.) Athener Staatsmann und Redner, berühmt für seine schlagkräftigen Philippischen Reden, in denen er Philipp II. angriff.

Aristoteles

Euripides
(um 485-406 v. Chr.) Autor von Tragödien. Zu seinen bekanntesten Stücken zählen *Die Bakchen* und *Elektra.*

Herodot
(um 490-um 425 v. Chr.) Historiker und Verfasser eines Berichts über die Perserkriege.

Hippokrates
(um 460-um 370 v. Chr.) Bekannt als »Vater der Medizin«. Seine Heilkunst gründete auf der genauen Beobachtung von Patienten und Symptomen. Er glaubte, dass alle Krankheiten eine natürliche Ursache hätten.

Euripides

Homer
(8. Jh. v. Chr.) Angeblich blinder Dichter, Verfasser der berühmten Heldendichtungen *Ilias* und *Odyssee.*

Myron
(5. Jh. v. Chr.) Athener Bildhauer, bekannt für die Statue der Göttin Athene und die Statue eines Diskuswerfers.

Pindar
(um 522-um 443 v. Chr.) Berühmter Dichter, der in seinen Versen griechische Oberhäupter und sportliche Wettkämpfer feierte.

Platon
(427-347 v. Chr.) Philosoph und Schüler von Sokrates. Er gründete die Athener Akademie. In seinem Buch *Der Staat* entwarf er eine ideale Gesellschaft.

Pythagoras
(um 580-um 500 v. Chr.) Philosoph, Mathematiker und Mystiker, der in Italien viele Anhänger hatte. Am bekanntesten ist sein Lehrsatz vom rechtwinkligen Dreieck.

Sappho
(um 610-650 v. Chr.) Eine der wenigen bekannten Dichterinnen der Antike. Sie schrieb über Liebe und Freundschaft und wurde wegen ihres gefühlvollen Stils geschätzt.

Sokrates
(469-399 v. Chr.) Athener Philosoph, Lehrer von Platon. Er hinterfragte verbreitete Vorstellungen und beschäftigte sich mit Ethik.

Sophokles
(um 496-405 v. Chr.) Autor von Tragödien. Bekannt sind seine Stücke *Antigone* und *König Ödipus.*

Thales
(um 640-um 558 v. Chr.) Der erste bekannte griechische Philosoph stammte aus Milet in Kleinasien. Er glaubte, das Universum sei aus Wasser entstanden.

Thukydides
(um 460-um 400 v. Chr.) Einer der ersten Geschichtsschreiber. Er verfasste einen Bericht über den Peloponnesischen Krieg.

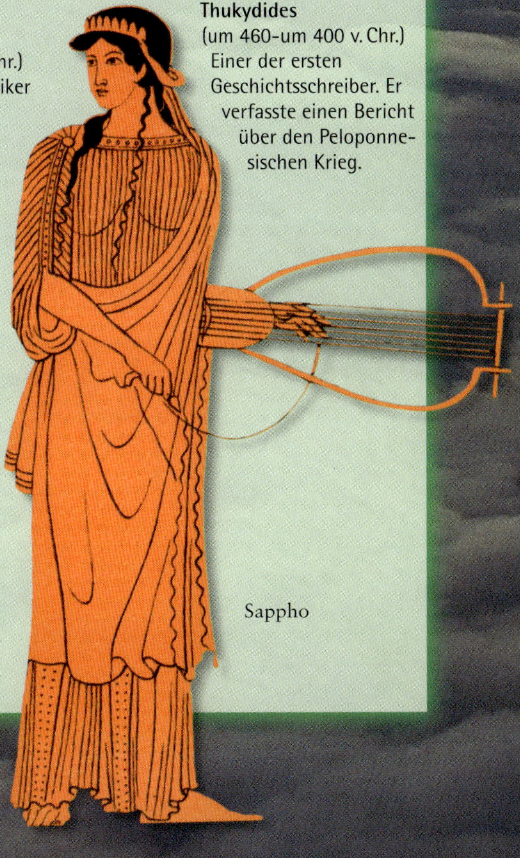

Sappho

Baukunst

In öffentlichen Gebäuden der ganzen Welt kann man den weit reichenden Einfluss griechischer Baukunst sehen. Im klassischen Griechenland unterschied man drei Stile: dorisch, ionisch und korinthisch. Die Aufteilung der Gebäude und die Anzahl ihrer Säulen sollten den Eindruck von Ausgewogenheit und Eleganz vermitteln.

Korinthisch

Das obere Ende (Kapitell) einer korinthischen Säule war kunstvoll gearbeitet und oft mit distelartigen Blättern verziert. Jede Ecke des Kapitells schmückte ein Paar Spiralen. Dieser von Griechen entwickelte Stil wurde vor allem von den Römern geliebt, die in viele ihrer Bauten korinthische Säulen einfügten.

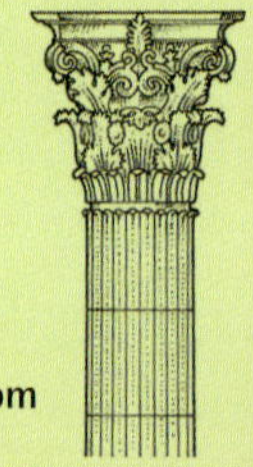

Tempel von Kastor und Pollux in Rom

Erechtheion-Tempel in Athen

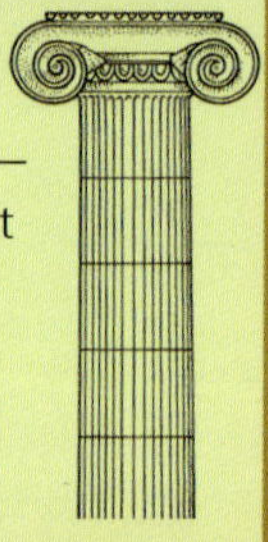

Ionisch

Die schlanke ionische Säule galt als elegant und war in Ostgriechenland und auf den griechischen Inseln beliebt. Ihr oberes Ende war mit Spiralen verziert.

Dorisch

Dorische Säulen fand man vor allem auf dem griechischen Festland und in den Siedlungen Süditaliens. Die starken Säulen hatten senkrechte Rillen, keine Sockel und schlichte Kapitelle.

Aphaia-Tempel auf Ägina

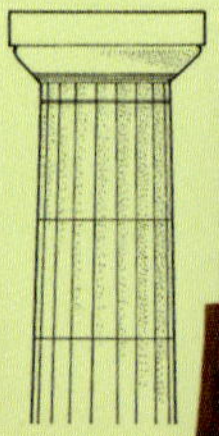

Giebeldreieck im Archäologischen Museum auf Korfu

Giebeldreieck

Die rechteckigen griechischen Tempel besaßen auf beiden Schmalseiten dreieckige Giebelfelder. Diese waren mit rot und blau bemalten Reliefs verziert. Für die Augen der Relieffiguren setzte man Buntglas ein, ihre Waffen und ihr Schmuck waren aus Bronze gefertigt.

Ausschnitt aus dem Parthenonfries in Athen

Fries

Den Zierstreifen, der sich rings um ein Gebäude zog, nannte man Fries. Er setzte sich aus Metopen zusammen, das sind einzelne Steinplatten mit Reliefs. Viele Friese erinnern an besondere Ereignisse oder Mythen. Dieser Marmorfries zeigt den Ausschnitt eines Festzugs, der alle vier Jahre zu Ehren der Göttin Athene auf der Akropolis stattfand.

Dorischer Poseidontempel am Kap Sunion

Kapitell einer ionischen Säule

Kapitell

Ionische Säulen waren am oberen Ende mit zwei Spiralen verziert, den so genannten Voluten. Über dem Volutenpaar liegt ein schmaler Steinstreifen, darunter ein Zierband mit Eier- und Pfeilmuster.

Glossar

Kursiv geschriebene Wörter haben einen eigenen Eintrag.

A

Agora Öffentlicher Platz einer griechischen Stadt, der als Marktplatz, Treffpunkt und Verwaltungssitz diente.

Akropolis Wörtlich: »Hochstadt«. Erhöhte Festung in einer griechischen Siedlung. Die berühmteste Akropolis befindet sich in Athen.

Amphore Enghalsiger Krug mit zwei Henkeln, in dem Olivenöl, Wein oder Wasser transportiert und gelagert wurden.

Archaisches Zeitalter Um 800 bis 500 v. Chr. Zeitraum zwischen dem *Dunklen* und dem *Klassischen Zeitalter*.

Archon Beamter in Athen. Im *Archaischen Zeitalter* waren Archonten sehr mächtig, im *Klassischen Zeitalter* verloren sie an Einfluss.

Aristokrat Adliger. Mitglied einer mächtigen, reichen Familie. Im *Archaischen Zeitalter* regierten Aristokraten die *Stadtstaaten*.

Attika Umland der Stadt Athen. Die meisten Athener *Bürger* lebten in Attika.

Attischer Seebund Bündnis griechischer Staaten gegen Persien, von Athen um 478 v. Chr. auf der Insel Delos gegründet.

B

Barbar Bezeichnung für einen Ausländer, der kein Griechisch sprach.

Beinschiene Schienbeinschoner der *Hopliten*, meist aus Bronze.

Bronzezeit Epoche um 3000 bis 1100 v. Chr., als Bronze (eine Mischung aus Kupfer und Zinn) das wichtigste Metall war.

Brustpanzer Oberer Teil einer Rüstung, der Brust, Bauch und Rücken schützte.

Bürger Freie, erwachsene, männliche Mitglieder eines *Stadtstaates*.

C

Cella Innerster Tempelraum mit Götterbildnissen.

Chiton Rechteckiges Kleidungsstück aus Wolle oder Leinen.

Chor Gruppe von Männern, die im griechischen Theater sangen, tanzten oder die Reden und Handlungen der Schauspieler erklärten.

D

Demokratie Volksherrschaft. Athen war der berühmteste demokratische *Stadtstaat*.

Dionysien Fest zu Ehren des Gottes Dionysos. In Athen dauerte es fünf Tage.

Dorier Letzter nach Griechenland eingewanderter Volksstamm, der vor allem den *Peloponnes* und die südlichen ägäischen Inseln besiedelte.

Dorisch Stil der griechischen Baukunst. Dorische Säulen sind dick und haben unverzierte *Kapitelle*.

Dreifuß Dreibeiniger Kessel aus Ton oder Bronze. Kochgerät, Weihgabe für Götter oder Ehrengabe für Sieger.

Dreißig Tyrannen Gruppe von spartafreundlichen Herrschern, die Athen nach seiner Niederlage im Peloponnesischen Krieg regierten.

Dunkles Zeitalter Zeitraum um 1100 bis 800 v. Chr.

Dynastie Eine Folge von Herrschern aus der gleichen Familie.

E F

Ephore Beamter in Sparta. Die fünf jährlich gewählten Ephoren beaufsichtigten die Staatsgeschäfte.

Fresko Wandgemälde, hergestellt durch Auftragen von Farbe auf feuchten Verputz. Die ältesten griechischen Fresken fand man im Palast von Knossos.

Fries Zierstreifen, der rings um Bauwerke verlief, oft mit *Reliefs* geschmückt.

G

Geometrischer Stil Um 1050 bis 700 v. Chr. Die Vasen dieser Zeit sind mit streng geometrischen Mustern bemalt.

Giebeldreieck Die Giebelfelder auf den Schmalseiten eines Gebäudes, die vor allem im *dorischen* Stil mit Figuren geschmückt waren.

Großgriechenland Bezeichnung für die griechischen Staaten in Süditalien.

Gymnasion Sporthalle mit einer Laufbahn sowie Wasch- und Umkleideräumen, mitunter auch mit Bibliothek und Lesesälen.

H I

Heiligtum Geheiligter Bezirk, meist mit einem Tempel und von einer Mauer umgeben.

Hellenistisches Zeitalter Zeitraum von Alexanders Feldzügen (um 330 v. Chr.) bis zur Eroberung hellenistischer Gebiete durch die Römer (bis um 30 v. Chr.).

Helot Sklave der Spartaner. Aus Furcht vor Aufständen überwachten die Spartaner die Heloten streng.

Hetäre Frau, die bei privaten Feiern die Gäste mit Gesang, Tanz oder Instrumentalmusik unterhielt.

Hoplit Schwer bewaffneter Fußsoldat. Hopliten kämpften in dichten Reihen mit langen Speeren und runden Schilden.

Hydria Bauchiger Wasserkrug mit zwei Henkeln.

Ionisch Stil der griechischen Baukunst. Die Kapitelle *ionischer* Säulen waren mit *Voluten* verziert.

K

Kapitell Oberster Teil einer Säule.

Kentaur Mythisches Mischwesen: Pferd mit menschlichem Oberkörper.

Klassisches Zeitalter Zeitraum von den Perserkriegen (um 480 v. Chr.) bis zum Tod Alexander des Großen (323 v. Chr.). Entstehungszeit bedeutender Kunstwerke.

Kleinasien Antike Bezeichnung für Anatolien, das türkische Gebiet zwischen Schwarzem Meer, Mittelmeer und Ägäis.

Korinthisch Stil der griechischen Baukunst. Die *Kapitelle* korinthischer Säulen waren aufwändig mit Blättern verziert.

Krater Krug, in dem Wein und Wasser gemischt wurden.

L

Labyrinth Ein Irrgarten im Palast von Knossos, wo das sagenhafte Ungeheuer *Minotaurus* lebte.

Linear A Frühe Schrift der *Minoer*.

Linear B Von den *Mykenern* verwendete frühe Schrift aus Zeichen und Bildern.

M

Makedonien Ein von griechischen Königen regierter Staat in Nordgriechenland.

Megaron Großer Königssaal im Palast von *Mykenä*.

Metöke In Athen lebender freier Mann ohne die Rechte eines *Bürgers*. Metöken mussten Steuern zahlen und in der Armee dienen, durften aber weder wählen noch Besitz haben.

Metope Steinplatte Teil eines Frieses, meist mit *Reliefs* verziert.

Minoische Kultur Frühe Hochkultur auf Kreta, benannt nach dem sagenhaften kretischen König Minos.

Minotaurus Ungeheuer der griechischen Sage, halb Mensch, halb Stier. Lebte im *Labyrinth* von Knossos.

Mosaik Bild aus bunten Steinen oder kleinen Glasstücken.

Musen Die neun Schutzgöttinnen von Dichtung, Literatur, Musik und Tanz.

Mykenische Kultur Frühe Hochkultur auf dem griechischen Festland, benannt nach der Stadt Mykenä.

O

Oligarchie »Herrschaft der Wenigen«, Gegenstück zur *Demokratie*.

Omen Göttliches Vorzeichen, das z.B. von Priestern aus den Eingeweiden der Opfertiere abgelesen wurde.

Opfer Gaben für Götter, um diese gnädig zu stimmen. Neben Schmuck, Früchten und Wein wurde auch Vieh geopfert. Die Eingeweide der Opfertiere dienten oft als *Omen*.

Orakel Göttliche Antwort auf die Frage eines Rat Suchenden. Außerdem der Ort, an dem dieser Rat durch Priester erteilt wurde. Am berühmtesten war das Orakel von Delphi.

Orchester Wörtlich: »Tanzboden«. Kreisfläche in der Mitte eines griechischen Theaters.

Ostrazismus Wörtlich: »Scherbengericht«. Athenisches Verfahren, um unbeliebte Politiker aus der Stadt zu verbannen: *Bürger* schrieben einen Namen auf eine Tonscherbe. Der am häufigsten Genannte musste die Stadt für zehn Jahre verlassen.

P

Palaistra Platz für Ringkämpfe, Teil des *gymnasion*.

Pankration Box- und Ringkampf. Außer Beißen und Augenausstechen war alles erlaubt. Der Kampf endete erst, wenn ein Gegner besiegt war.

Peloponnes Südlicher Teil des griechischen Festlands.

Pentathlon Fünfkampf bei den Olympischen Spielen. Die Einzeldisziplinen waren Springen, Diskuswerfen, Speerwerfen, Laufen und Ringen.

Periöken Wörtlich: »Umwohnende«. Nachkommen der von Sparta unterworfenen Völker.

Phönizier Handel treibendes Volk, das an der Küste des heutigen Libanon lebte. Das griechische Alphabet stammt von ihren Buchstaben.

Polis Unabhängige Stadt. Im *Klassischen Zeitalter* bezeichnete der Begriff einen ganzen *Stadtstaat*.

Pythia Priesterin im *Orakel* von Delphi, Sprecherin für den Gott Apoll.

R

Relief Bildhauerarbeit, bei der Figuren aus einer ebenen Steinplatte herausragen.

Rotfiguriger Stil Vasenmalerei, bei der man den Hintergrund schwarz bemalte und die roten Figuren aussparte. In Athen ab dem 6. Jh. v. Chr. gebräuchlich.

S

Sarkophag Sarg, meist aus Stein oder Ton. Es gibt auch sehr alte Holzsarkophage.

Satyr Wald- und Naturgeist. In der griechischen Kunst des 5. Jh. v. Chr. wurden Satyrn mit Bart, Pferdeohren und Schweif dargestellt.

Satyrspiel Theaterstück, bei dem die Mitglieder des *Chors* als *Satyrn* verkleidet waren.

Schachtgräber Frühe Gräber der *Mykener*, meist aus Steinplatten gefertigt.

Schwarzfiguriger Stil Frühe Vasenmalerei in Athen, bei der auf roten Ton schwarze Figuren aufgemalt wurden.

Seevölker Fremdvölker, die um 1200 v. Chr. zu Raubzügen und Eroberungen in den östlichen Mittelmeerraum vordrangen.

Sophist Herumziehender Lehrer für Philosophie, Staatskunde und Redekunst.

Stadtstaat Stadt, die zusammen mit ihrem Umland einen unabhängigen Staat bildete.

Stoa Überdachter Säulengang, nach vorne offen. Die Stoa in Athen war Sitz der philosophischen Schule der Stoiker.

Strategos Ein Oberbefehlshaber des athenischen Heers. Jährlich wurden zehn Strategen gewählt, die für die Sicherheit der Stadt sorgten.

T

Terrakotta Bei niedrigen Temperaturen gebrannter, relativ weicher Ton ohne Glasur.

Triere Kriegsschiff mit drei Ebenen, auf denen die Ruderer saßen. Eine Triere bot Platz für 200 Mann.

Tyrann Alleinherrscher, durch Unterstützung des Volks oder Waffengewalt an die Macht gekommen.

V

Volksversammlung Wichtigstes Organ der griechischen *Demokratie*. Regelmäßiges Zusammentreffen der *Bürger*, um politische Entscheidungen zu fällen.

Volute Spirale als Schmuckelement in der Baukunst, z.B. auf ionischen *Kapitellen*.

W

Wahrsager Mensch, der angeblich die Zukunft voraussagen kann.

Wurfspeer Sportgerät und Kriegswaffe.

Register

A

B

C D

E

F

G

H

I J

K

L

M

N O

P

R

S

T

U V

W X Z

Dank

Dorling Kindersley dankt den folgenden Personen und Institutionen für die freundliche Genehmigung zum Abdruck ihrer Bilder:

(Abkürzungen: o = oben, u = unten, l = links, r = rechts, m = Mitte)

1 Corbis: Araldo de Luca. 2 DK Images: m. frdl. Genehmigung des Royal Ontario Museum, Toronto (ul); The British Museum, London (ur); Die Nicholas P. Goulandris Stiftung, Museum für kykladische Kunst, Athen (m). 3 DK Images: The British Museum, London (um). Getty Images: Walter Bibikow (umrr). Scala Art Resource: Galleria Palatina, Florenz (umr). 6 The Art Archive: (mur). 7 DK Images: The British Museum, London (mlu); m. frdl. Genehmigung des Royal Ontario Museum, Toronto (mu). 8 DK Images: The British Museum, London (ul). 8-9 The Art Archive. 10 akg-images: Erich Lessing (ul). DK Images: The British Museum, London (ol). 11 The Art Archive: Heraklion Museum / Dagli Orti (or); Archäologisches Nationalmuseum, Athen / Dagli Orti (u). 13 DK Images: The British Museum, London (ur). 14 DK Images: The British Museum, London (ur); m. frdl. Genehmigung des Royal Ontario Museum, Toronto (ul). 15 akg-images: Erich Lessing (or). DK Images: The British Museum, London (ur). 16 akg-images: Erich Lessing (ol). 16-17 Sonia Halliday Photographs: F.H.C Birch (m). Robert Harding Picture Library: Loraine Wilson (o). 17 akg-images: (or). 18 Corbis: Roger Wood (mur). 19 www.bridgeman.co.uk: Bibliothèque des Arts Décoratifs, Paris, Archives Charmet (mlu). 20 The Art Archive: Bibliothèque des Arts Décoratifs Paris / Dagli Orti (ol). 21 DK Images: The British Museum, London (or). Science Photo Library: Simon Lewis (ur). 22 DK Images: The British Museum, London (ol). The Art Archive: Archäologisches Museum Eretria / Dagli Orti (ur). 23 Robert Harding Picture Library: John Miller. 24-25 Corbis: Roger Wood (u). 25 DK Images: The British Museum, London (or). 26 Ancient Art & Architecture Collection: (ul). © Michael Holford: (or). 27 www.bridgeman.co.uk: Bibliothèque des Arts Décoratifs, Paris, Archives Charmet. 28 The Art Archive: Dagli Orti. 29 DK Images: m. frdl. Genehmigung der British Library (mlu). 30 DK Images: m. frdl. Genehmigung der British Library (um); The British Museum, London (ul). The Art Archive: Antiquarium di Santa Severa / Dagli Orti (ol). 30-31 DK Images: m. frdl. Genehmigung der British Library (u). 32 The Art Archive: Bibliothèque des Arts Décoratifs Paris / Dagli Orti (o). 33 akg-images: Nimatallah (or). www.bridgeman.co.uk: Vatikanische Museen, Vatikanstadt (ur). 34 DK Images: The British Museum, London (u). Robert Harding Picture Library: Charles Bowman (o). 37 DK Images: The British Museum, London (or). The Art Archive: Dagli Orti (ul). 39 Corbis: Archivo Iconografico, S.A. (ol). DK Images: The British Museum, London (ur). 40 The British Museum, London (ol), (ur). 40-41 DK Images: Sean Hunter (o). 41 Ancient Art & Architecture Collection: (mr). 42 The Art Archive: Archäologisches Museum Neapel / Dagli Orti. 43 The Art Archive: National Gallery London / John Webb (mu). 44 DK Images: The British Museum, London (ul), (um). 45 Ancient Art & Architecture Collection: (u). The Art Archive: National Gallery London / John Webb (ol). 46 DK Images: The British Museum, London (ol). 47 Ancient Art & Architecture Collection: (ul). 48 www.bridgeman.co.uk: Bibliothèque Nationale, Paris, Archives Charmet. 49 Ancient Art & Architecture Collection: (ul). www.bridgeman.co.uk: Privatsammlung, Boltin Picture Library (r). 50 akg-images: Erich Lessing (or). Ancient Art & Architecture Collection: (l). 51 akg-images: Erich Lessing (u). 52 www.bridgeman.co.uk: Archäologisches Museum, Istanbul / Giraudon. 54 www.bridgeman.co.uk: Museo Archeologico Nazionale, Neapel (ul). 54-55 akg-images: (u). 57 DK Images: The British Museum, London (ol). 58 DK Images: The British Museum, London (ol). 59 DK Images: The British Museum, London (u). Mary Evans Picture Library: (ol). 60 www.bridgeman.co.uk: Haus der Masken, Delos (ol). 60-61 akg-images (m). 61 akg-images: (ur). DK Images: The British Museum, London (or). 62 akg-images: Erich Lessing. 63 Corbis: Araldo de Luca (mlu). 64 Corbis: Araldo de Luca (o). 65 DK Images: The British Museum, London (or). © Michael Holford: (u). 66 akg-images: Eric Lessing (l). 67 Ancient Art & Architecture Collection: (ol). Robert Harding Picture Library: (u). 68 Ancient Art & Architecture Collection: (ol). 68-69 akg-images: Joseph Martin. 71 akg-images: Peter Connolly (ol). 72 www.bridgeman.co.uk: National Museums of Scotland (ol). DK Images: The British Museum, London (ur). 73 akg-images: (ur). 74 akg-images: Peter Connolly (mur). The Art Archive: Archäologisches Museum Piräus / Dagli Orti. 76-77 Robert Harding Picture Library: Marco Simoni. 77 www.bridgeman.co.uk: © Museum of Fine Arts, Houston, Texas Geschenk von Miss Annette Finnegan (or). 78 akg-images: Erich Lessing (ol). 78-79 DK Images: Die Nicholas P. Goulandris Stiftung, Museum für kykladische Kunst, Athen (m). 79 DK Images: The British Museum, London (or). 80 The Art Archive: Archäologisches Museum Neapel / Dagli Orti. 81 akg-images: Erich Lessing (or); Peter Connolly (u). 82 m. frdl. Genehmigung des Royal Ontario Museum © ROM (ul). 83 akg-images: Erich Lessing (or). 84 DK Images: The British Museum, London (l). 84-85 akg-images (um). 85 DK Images: The British Museum, London (r). 86 akg-images: Erich Lessing (ul). DK Images: The British Museum, London (or). 87 akg-images: Erich Lessing (or). 88 DK Images: The British Museum, London (ul). 89 The Art Archive: Bibliothèque des Arts Décoratifs Paris / Dagli Orti (u); Musée du Louvre Paris / Dagli Orti (or). 90 The Art Archive: Archäologisches Museum Venedig / Dagli Orti. 91 DK Images: The British Museum, London (mu). 93 DK Images: The British Museum, London (or), (u). 94 The Art Archive: Archäologisches Museum Piräus / Dagli Orti (l). 95 Corbis: Gianni Dagli Orti (u). 96 DK Images: m. frdl. Genehmigung von Alan Meek für Rüstungen und Waffen (ol). The Art Archive: Kanellopoulos Museum Athen / Dagli Orti (u). 97 akg-images: Erich Lessing (r). 98 www.bridgeman.co.uk: Museo Archeologico Nazionale, Neapel, Alinari. DK Images: NASA (mur). 99 Scala Art Resource: Galleria Palatina, Florenz (mu). 100 DK Images: NASA (ul). 100-101 Robert Harding Picture Library: PhotoTake. 101 akg-images: Pirozzi (or). 102-103 Scala Art Resource: Galleria Palatina, Florenz. 104 akg-images: John Hios (ul). 105 The Art Archive: Vatikanische Museen Rom / Joseph Martin (ur). 106 The Art Archive: Archäologisches Museum Neapel / Dagli Orti. 107 The Art Archive: Victoria and Albert Museum London / Eileen Tweedy (mu). 108 The Art Archive: Collection Antonovich / Dagli Orti (ol). 111 The Art Archive: Archäologisches Museum Saloniki / Dagli Orti (or). Kostas Kontos: (ur). 112-113 Getty Images: Walter Bibikow (m). 113 DK Images: m. frdl. Genehmigung des Stadtmuseums von Sisak (Kroatien) (ur). 114 Topfoto.co.uk: The British Museum, London / HIP (m). 115 akg-images: Archives CDA / Guillot (o). The Art Archive: Archäologisches Museum Neapel / Dagli Orti (u). 117 akg-images: Erich Lessing (o). The Art Archive: Musée du Louvre Paris / Dagli Orti (ur). 118 www.bridgeman.co.uk: Musée des Pays de L'Ain, Bourg-en-Bresse, Lauros / Giraudon (u). 119 The Art Archive: (ur); Victoria and Albert Museum London / Eileen Tweedy (or). 120 DK Images: m. frdl. Genehmigung des Natural History Museum, London (ol), (ml). 121 DK Images: The British Museum, London (ul). Lonely Planet Images: John Elk III (or). 122 The Art Archive: Museo Prenestino Palestrina / Dagli Orti (mur). Lonely Planet Images: George Tsafos. 123 Corbis: Archivo Iconografico, S.A. (mu). 124 akg-images: (ol). 124-125 The Art Archive: Museo Prenestino Palestrina / Dagli Orti (u). 125 The Art Archive: Dagli Orti (or). 126 The Art Archive: Archäologisches Museum Neapel / Dagli Orti (l). 126-127 Lonely Planet Images: Neil Wilson (u). 127 akg-images: Erich Lessing (r). 128-129 The Art Archive: The British Museum, London / Eileen Tweedy (ol); Museo Capitolino Rom / Dagli Orti. 129 Corbis: Archivo Iconografico, S.A (mr). 130 DK Images: m. frdl. Genehmigung des Griechischen Archäologischen Nationalmuseums, Athen (u). 131 Corbis: Richard List (ol). 132-133 DK Images: The British Museum, London. 134 www.bridgeman.co.uk: The British Museum, London (ul). 135 The Art Archive: Archäologisches Museum Paestum / Dagli Orti (or). © Michael Holford: (ul). University of Manchester: (mr). 136 Corbis: Roger Wood (ul). DK Images: Glasgow Museum (or). The Art Archive: Musée du Louvre Paris / Dagli Orti (mo). 137 Corbis: Arte & Immagini srl (mu). The Art Archive: Archäologisches Museum Neapel / Dagli Orti (om). Mary Evans Picture Library: (ur). 138 Corbis: Roger Wood (ul); Wolfgang Kaehler (or). 139 The Art Archive: The British Museum, London / Eileen Tweedy (m).

Cover:
Vorn: Ancient Art & Architecture / Danita Delimont.com

Alle anderen Abbildungen © Dorling Kindersley.

Weitere Informationen unter: www.dkimages.com